Las TRES PREGUNTAS

*Cómo descubrir y dominar
el poder en ti*

DON MIGUEL RUIZ Y BARBARA EMRYS

HarperCollins *Español*

© 2018 por HarperCollins Español
Publicado por HarperCollins Español, Estados Unidos de América.

Título en inglés: *The Three Questions*
© 2018 por Miguel Ruiz Jr. y Barbara Emrys
Publicado por HarperOne, una division de HarperCollins Publishers
New York.

Diseño de cubierta: Yvonne Chan
Diseño inspirado por el arte original de Nicholas Wilton / Illustration Source

Editora en Jefe: *Graciela Lelli*
Adaptación del diseño al español: *Grupo Nivel Uno, Inc.*

ISBN: 978-1-40021-232-3

Impreso en Estados Unidos de América
18 19 20 21 22 LSC 7 6 5 4 3 2 1

Este libro está dedicado a aquellos que han elegido ser los héroes de su propia historia. Está dedicado a todos esos rebeldes pacíficos que desean cambiar su mundo.

Este libro está dedicado a aquellos que se aman a sí mismos sin condición y permiten que ese amor puro brille para el mundo. Está dedicado a aquellos que lideran con compasión, que se atreven a actuar con generosidad y que no se dejan gobernar por el miedo irracional.

Este libro está dedicado a todas las mujeres y a todos los hombres que actúan con valor y hablan por aquellos que no tienen voz. Está escrito en honor de aquellos que emplean sus palabras para transmitir mensajes de amor y respeto.

Con todo nuestro agradecimiento a los lectores,
DON MIGUEL RUÍZ Y BARBARA EMRYS

ÍNDICE

Introducción

Primera pregunta: Pregúntate, "¿Quién soy?"

Segunda pregunta: Pregúntate, "¿Qué es real?"

Tercera pregunta: Pregúntate,
"¿Qué es el amor?"

INTRODUCCIÓN

I

Las tres perlas de la sabiduría

Un día de lluvia, hace mucho tiempo, un anciano conducía su carro por un camino rural. El camino estaba lleno de baches, de modo que el trayecto era complicado, y la lluvia no hacía sino empeorarlo.

Cuando el carro entró en un bache particularmente profundo, una de las ruedas traseras se rompió. El anciano tranquilizó a su caballo, bajó al suelo embarrado del camino y comenzó a manipular la rueda del carro. Pronto se dio cuenta de que el bache era

3

demasiado profundo y la rueda pesaba demasiado como para poder levantarla. Se quedó allí parado, helado y empapado, y entonces oyó unos pasos que corrían hacia él.

Un chico de granja que volvía a casa para la cena vio el carro averiado del anciano, a cuyo alrededor corría el agua como si de un río se tratara. El chico era corpulento y fuerte, y estaba dispuesto a ayudar. Encontró tirado en el suelo el poste de una verja, se arrodilló en el bache embarrado y levantó el carro. Después comenzó a reparar la rueda.

Mientras trabajaba, el chico habló al anciano de lo que deseaba para el futuro. Apenas sabía nada del mundo, pero deseaba aprender. Deseaba descubrir quién era y encontrar las respuestas a los mayores misterios de la vida. Pronto sería un hombre y quería saber más sobre el amor. Dijo que con frecuencia fantaseaba con las maravillosas cosas que estaban por llegar.

—En general —comentó el chico entre risas, ¡nunca sé si estoy soñando o si estoy despierto! —El muchacho siguió hablando y el anciano lo escuchaba en silencio.

Al cabo de una hora, ya había terminado el trabajo. La rueda estaba otra vez en su sitio y el carro podía retomar su camino. El anciano, muy agradecido, buscó algunas monedas en sus bolsillos. Al no encontrar nada que ofrecerle al chico por su trabajo, le preguntó si, en su lugar, aceptaría tres perlas de sabiduría, asegurándole que dichas perlas le proporcionarían más riquezas que cualquier moneda. Mientras el sol se abría paso entre las inminentes nubes de tormenta, el muchacho sonrió. Sabía que no podía rechazar la gratitud del hombre, fuera la que fuera. Y, al fin y al cabo, tenía mucho que aprender.

—Sí —respondió educadamente—. Sería un honor que compartiera conmigo su sabiduría, señor.

De manera que el anciano se inclinó hacia él y comenzó a hablar.

—Para encontrar tu camino en el mundo, solo has de responder a tres preguntas —le explicó. Primero, debes preguntarte: "¿Quién soy?". Sabrás quién eres cuando descubras quién no eres.

»Segundo, debes preguntarte: "¿Qué es real?". Sabrás lo que es real cuando aceptes lo que no es real.

»Tercero —concluyó el hombre—, debes preguntarte: "¿Qué es el amor?". Sabrás lo que es el amor cuando te des cuenta de lo que no es amor.

El anciano se incorporó y se sacudió la tierra del abrigo. El muchacho se quitó el sombrero en señal de respeto y expresó su agradecimiento. Vio al anciano subirse de nuevo en su carro y lanzar un silbido a su caballo. El carro dio una sacudida, se tambaleó y comenzó a avanzar lentamente por el camino.

Cuando el chico se volvió hacia su casa, donde le esperaba la cena, miró hacia atrás y vio la parte trasera del carro, que desaparecía entre las sombras del anochecer.

2

Abrir la puerta

LAS HISTORIAS SENCILLAS nos invitan a reflexionar sobre nuestras propias vidas. De un modo u otro, representan la historia de todos. Si una historia es buena, tiene el poder de inspirar preguntas y animarnos a buscar respuestas. Si una historia es muy buena, puede llegarnos al corazón y desafiarnos a ver la verdad. Puede abrir nuevas puertas de percepción. Estas historias nos permiten elegir: aceptar el

desafío de la verdad o cerrar la puerta y seguir reco-
rriendo un camino conocido.

Este libro es para aquellos que están dispuestos a
ver la verdad por ellos mismos. Es para aquellos que
están dispuestos a preguntarse qué es real y a atravesar umbrales desconocidos. La vida está ansiosa
por iniciar una nueva conversación contigo. Si estás
dispuesto a escuchar y a cambiar, tu mundo puede
transformarse.

Los humanos somos lo que somos en la actuali-
dad por la manera en que nuestro sistema nervioso ha respondido a la luz durante millones de años.
Nuestro cerebro se ha vuelto más intricado, nuestras
capacidades se han diversificado y nuestras sociedades se han hecho más complejas. Sin duda hemos
dejado nuestra huella en el planeta. Y, aun así, si nos
preguntaran cómo podríamos demostrar los años de
evolución de la humanidad, ¿qué diríamos?

¿Diríamos que estamos libres de preocupaciones y
de conflictos? ¿Diríamos que por fin hemos entendido cómo llegar a ser los mejores humanos posibles?
Sería maravilloso decir que nuestras creencias ya no
nos llevan a hacer cosas terribles. Sería fantástico

decir que nuestra mente ya no libra batallas internas. Estaría bien decir que los humanos somos ya demasiado sabios como para enfrentarnos los unos a los otros. Estaría bien decir todo eso de nuestra especie, pero no podemos; al menos de momento.

En un mundo ideal, los seres humanos se llevan bien por su propio beneficio y por el beneficio de la humanidad. En una comunidad ideal, la gente coopera para prosperar y agradece su buena suerte. Las personas valoran la vida y cuidan de la tierra que les da de comer. En un mundo ideal, se respetan a sí mismos y a los demás.

En una familia ideal, los niños deben sentirse a salvo y deseados. Los padres son maestros inspirados y protectores vigilantes. Los mayores siguen siendo productivos. Los grupos de gente forman sociedades, por supuesto, pero ninguna sociedad intenta desautorizar a otra. Juntas, construyen comunidades mayores y juntas aseguran el bienestar de todos los ciudadanos.

En este mundo imaginado, puede que los gobiernos aún existan. Un gobierno ideal gestiona un país con respeto. Sus líderes son sabios y sensatos.

El mejor congreso posible es aquel que legisla con consciencia y compasión. Sus leyes son claras y justas… y las reglas se aplican a todos por igual.

En este mundo ideal, las personas también son capaces de gobernarse a sí mismas de manera justa. ¿Qué significa gobernarnos a nosotros mismos? Significa que estamos al mando de nuestros propios pensamientos y somos responsables de nuestras propias acciones. Nos negamos a caminar a ciegas por la vida. Vemos exactamente lo que hay y no solo lo que preferiríamos ver. No permitimos que el pasado invada el presente. Contemplamos nuestra realidad personal como lo haría un gran artista: buscando la belleza y el equilibrio.

En un mundo ideal, no nos castigamos una y otra vez por cometer un error. No nos entregamos a la autocompasión. No manipulamos las emociones. No cotilleamos ni buscamos el drama.

En un mundo ideal, no deseamos juzgar o culpar. No nos derrotan la culpa y la vergüenza, y tampoco avergonzamos a los demás. En otras palabras, nos gobernamos a nosotros mismos como queremos que nos gobiernen: con respeto.

Podríamos decir muchas cosas más sobre ese mundo ideal, pero es importante pensar por qué ese mundo no existe realmente para la mayoría de nosotros. Ayudar al mundo a avanzar hacia esa expresión ideal es una tarea demasiado inmensa para un libro pequeño, pero podemos dar los primeros pasos nosotros solos. Todo lo que construimos juntos como seres humanos comienza con un poco de imaginación. Puede que pensemos que somos víctimas trágicas de las circunstancias, pero con imaginación podemos adoptar otra perspectiva y ver lo mal que nos tratamos a nosotros mismos. Con todos sus pensamientos y juicios, podría parecer que la mente es nuestro peor enemigo, pero, si nos imaginamos la mente de un modo diferente, podemos convertirla en nuestra aliada. Al modificar la manera de trabajar de nuestra mente, podemos empezar a cambiar nuestro mundo.

Todos tenemos miedos que no queremos admitirnos a nosotros mismos, y no siempre sabemos cómo vencerlos. Necesitamos amor, pero no estamos convencidos de merecerlo. Deseamos querernos a nosotros mismos, pero no sabemos cómo. Hasta cierto punto, hay caos y confusión en cada uno de nosotros. Las ideas arraigan y las opiniones intimidan. Nos vemos atrapados en nuestro propio drama y nos lo tomamos demasiado en serio. Desempeñamos papeles que no reflejan la verdad de lo que somos.

¿Por qué nos hacemos esto a nosotros mismos? La respuesta es que nos enseñaron a hacerlo y nos convertimos en auténticos maestros.

Todos nacemos siendo seres auténticos, pero es difícil seguir siendo auténtico en un mundo en el que las creencias ya nos han sido asignadas. De niños, nos dicen quiénes somos, cómo deberíamos comportarnos y cómo responder a lo que percibimos. Así es como funcionan con más eficiencia las familias y las culturas y así es como sobreviven los niños en sus culturas. Pero eso no significa que esas lecciones estén ancladas en la realidad. Podría decirse que nuestras primeras experiencias nos enseñan a engañarnos a nosotros mismos. Aprendemos a mentir.

La vida es verdad y solo existe la vida. Al utilizar palabras para describir la verdad, la distorsionamos automáticamente. De modo que una mentira no es más que una distorsión de la verdad. Puede que no se haga con malicia, pero aun así utilizamos mentiras contra nosotros mismos y contra los demás.

Todos sabemos que los niños dicen cosas muy divertidas —divertidas porque expresan la verdad tal y como la perciben, sin juicios. Comentarios sinceros y sencillos que a los adultos les resultan sorprendentes. ¿Por qué? En muchas culturas, se considera de mala educación decir una verdad evidente. La sinceridad y la autenticidad a veces se consideran cualidades infantiles. En ocasiones incluso se consideran una locura. La mayoría de nosotros aprendió a mentir sobre lo que vemos y lo que sentimos. Para cuando alcanzamos la edad adulta, incluso hemos aprendido a creernos nuestras mentiras.

Cuando vamos creciendo, desarrollamos una mentalidad fuerte, pero esa mentalidad puede corromperse. Nos formamos opiniones fuertes, pero nuestras opiniones no representan la verdad. Las respuestas emocionales se corrompen cuando son gobernadas por las opiniones y las creencias. Fuimos creados por una fuerza amorosa, pero nosotros aprendimos a corromper el amor.

"Corrupción" es una palabra que parece un delito, pero las personas no llegan a este mundo con intenciones corruptas. Nacemos hambrientos de verdad, sedientos de amor. La corrupción sucede cuando depositamos nuestra fe en pensamientos e ideas en vez de en aquello que percibimos. Nos creemos casi todo lo que nos dicen y, entre tanto, perdemos nuestra conexión con la vida —con la verdad. Creamos normas y estructuras que se ajustan a lo que nos han enseñado a creer.

El amor es un ejemplo de cómo las ideas pueden envenenar nuestros impulsos naturales. A muchos de nosotros nos enseñaron que el amor es condicional, que viene acompañado de determinadas reglas de compromiso. Por decirlo con sencillez, el amor está corrompido por el "si".

Puede que no siempre oigamos la palabra "si", pero la percibimos con frecuencia, incluso entre personas que se quieren.

- Te querré si haces lo que deseo.
- Te querré si te mantienes a mi lado, pase lo que pase.

- Te querré si haces esto o piensas aquello.
- Si me avergüenzas, si me llevas la contraria o si me abandonas... dejaré de quererte.

Sorprendentemente, les decimos esta clase de cosas a las personas que más nos importan, igual que nos las decimos a nosotros mismos. Sí, establecemos condiciones para querernos a nosotros mismos —condiciones que con frecuencia son demasiado estrictas para cumplirlas. El amor verdadero no lleva condiciones. Y sin embargo a la mayoría de nosotros no nos enseñaron a dar amor y a recibirlo de esa forma.

Cuando pensamos en el amor como algo condicional, se convierte en otra cosa, en algo corrupto. Por supuesto, esta clase de corrupción puede repararse, porque comienza en el mundo virtual de la mente. La realidad virtual es un reflejo, una interpretación de lo que es real. La mente nos ofrece una impresión de todo aquello que vemos y tocamos, pero no deja de ser una impresión. Las ideas no están hechas de materia. Las creencias no forman parte de nuestro mapa genético. La mente no es real y el mundo imaginario que fabrica no existe.

Entonces, ¿qué es la mente y qué es lo que hace?

La mente es una función del cerebro que convierte la percepción en lenguaje. Las maneras en que describimos la realidad son únicas para cada uno de nosotros. Tú tienes tu manera, yo tengo la mía. La diferencia estriba en cómo funciona nuestro cerebro, claro. También en cómo nos han enseñado a percibir el mundo.

Cuando contemplamos una escena idílica —como una cadena montañosa, unos prados verdes o la naturaleza en estado salvaje— algunos de nosotros pensamos en el paraíso. Reaccionamos con emoción y placer. Otros, al ver el mismo paisaje, imaginan una extrema adversidad y soledad, y reaccionan con miedo. Donde unos ven serenidad otros ven inquietud. Si nos enseñaron a tener miedo, probablemente sigamos teniendo miedo. Si creemos que lo desconocido es peligroso, evitaremos tener nuevas experiencias.

Nos enseñaron a interpretar lo que vemos. Nos dijeron lo que debíamos creer y nos creímos lo que nos dijeron. Desde que nacemos, nos guiamos por la opinión pública y privada. La realidad se construye a base de impresiones y experiencias a las que damos valor y significado personal. Cambia constantemente, por supuesto, dado que los eventos no paran de cambiar. Nuestra percepción personal de la realidad se ve modificada por nuestras opiniones y nuestros miedos.

Muchas creencias alimentan el miedo. Muchas creencias están influidas por el miedo. El miedo tiene un gran efecto en nuestra manera de aprender a ver el mundo. El miedo físico es algo natural y esencial para nuestra supervivencia, pero es importante recordar que el miedo irracional no lo es. Es irracional tener miedo de lo que no existe. De hecho, eso puede provocar daños reales. Y aun así aprendemos a permitir que el miedo irracional moldee nuestra realidad. Aprendemos a reaccionar emocionalmente como lo hacen otras personas y a temer aquello que solo imaginamos.

Tardamos tiempo en perfeccionar estas reacciones. Seguimos las normas de nuestras familias y nuestras culturas. Nuestros padres y nuestros maestros nos enseñaron a comportarnos en un mundo de seres humanos y esas lecciones nos acompañan hasta la edad adulta. Ahora nos decimos a nosotros mismos cómo hemos de comportarnos. Seguimos las normas de la sociedad, pero hemos aplicado casi todas las normas de la sociedad a nuestras propias vidas. Nos gobernamos a nosotros mismos con leyes prestablecidas, juicios personales e intimidación mental.

De niños, observamos cómo funcionaban nuestra propia familia y nuestra comunidad local. Seguimos los protocolos de la escuela, de la iglesia y de los jefes. Ir contra las normas solía tener como resultado la pérdida de respeto entre nuestros semejantes. A veces las pérdidas eran mucho mayores. Obedecíamos las normas de nuestra ciudad y de nuestros gobiernos. Incumplir esas normas significaba pagar penas mayores. Todo aquello influyó en la manera en que trabaja nuestra mente, de modo que podría decirse que nuestra manera de gobernarnos es un reflejo de cómo las cosas gobiernan el mundo.

No es de extrañar que todos tengamos un pequeño gobierno en nuestra cabeza. La mente es el gobierno que establece las normas y el cuerpo físico sigue esas normas. Estamos dispuestos a pagar sanciones por romper las normas que nosotros establecemos —y con mucha frecuencia hacemos que otras personas también paguen. Como casi todos los gobiernos, la mente trata de imponer sus leyes a otros cuerpos.

Cuando somos conscientes de cómo funciona la mente, podemos cambiar nuestra manera de gobernarnos. Cuando vemos cómo trabaja nuestro propio gobierno, podemos cambiarlo. Podemos enmendar nuestras propias leyes. Podemos crear todo aquello que seamos capaces de imaginar para nuestro propio bien. Podemos cuidar mejor de nuestros cuerpos y permitirnos más libertad de expresión. Podemos poner fin a los estrictos castigos que nos imponemos a nosotros mismos —castigos que hacen que resulte imposible experimentar el amor que merecemos.

Todos aspiramos a ser la mejor versión de nosotros mismos. Queremos contribuir a nuestra propia evolución personal. Queremos saber qué hemos estado haciendo mal y qué podríamos hacer mejor. Queremos respuesta a nuestras preguntas secretas, ver cómo aplicar esas respuestas a nuestras vidas. Nos gustaría descubrir qué es verdad.

A todos nos vendrían bien algunas perlas de sabiduría. La sabiduría mejora nuestra relación con la vida, con la verdad. Nos permite enfrentarnos a nuestros miedos y a nuestras creencias más comunes. Nos otorga la voluntad de atravesar una puerta nueva, y después otra.

El viaje comienza con tres preguntas esenciales:

- ¿Quién soy?
- ¿Qué es real?
- ¿Qué es el amor?

PREGÚNTATE, "¿QUIÉN SOY?"

3

La primera perla

¿Quién soy? Sabrás quién eres cuando
descubras quién no eres.

CREEMOS SABER TODO lo que se puede saber sobre nosotros mismos. Puede que creas que eres responsable, optimista o melancólico. Probablemente hayas decidido que eres introvertido o el alma de la fiesta. A veces experimentamos en nuestra vida inquietud de algún tipo, un trauma o una pérdida.

Al vernos a nosotros mismos en acción en momentos de crisis, en ocasiones nos sorprendemos. Tal vez nunca imaginamos que pudiéramos ser tan fuertes. O quizá somos más débiles de lo que pensábamos, o más miedosos. Llega un momento en la vida de casi todos en el que estamos preparados para admitir que no somos quienes pensábamos que éramos.

En esos casos, podría ser que los valores que defendemos no se reflejen en nuestros actos. Estamos en conflicto con las personas que nos rodean. Nuestra mente está en conflicto con nuestro corazón. Culpamos o atacamos. Gritamos a nuestros hijos. Insultamos a un amigo. Nos preguntamos a nosotros mismos: "¿De dónde ha salido eso?". Confusos y desalentados, empezamos a preguntarnos qué nos empuja a hacer las cosas que hacemos. Íbamos en busca de la verdad, pero parece como si nos hubiéramos olvidado de algo.

Preguntarte a ti mismo "¿Quién soy?" supone dar el primer paso para recuperar la autenticidad, o la verdad. Nuestro instinto nos lleva a aferrarnos a la imagen que tenemos de nosotros mismos, lo que hace imposible cualquier nuevo descubrimiento.

Preguntarnos quiénes somos nos da la oportunidad de derribar algunas barreras —algunas creencias testarudas— y volver a conectar con la vida.

Casi todas las historias sobre lo que eres proceden de cosas que te contaron tus padres —lo que te gusta, lo que no te gusta, lo que se te da bien. Oíste también las opiniones de hermanos, hermanas y amigos de la infancia. Según crecías, todos aquellos a quienes conociste te ofrecieron descripciones de ti. "Eres listo", podrían decir. "Eres rebelde", o "Dios mío, eres igual que tu padre". A la gente le gusta imaginarte a su manera. "Eres un cabezón", "No sabes amar", "Nunca corres riesgos".

A estas alturas ya tienes una sólida opinión de ti mismo, pero piensa en qué se basa esa opinión. Desde que naciste, has oído a muchas personas diferentes describirte de maneras diferentes. Cada una ve lo que quiere ver. Y tú has complementado las historias de otras personas con tus propias historias. Cuando conoces a alguien, hablas de tu vida —hechos pasados y esperanzas de futuro. Cuentas las mismas historias, más o menos de la misma manera, en las que apareces como personaje protagonista. ¿Cómo llegó a definirte ese personaje? Primero veamos cómo contamos nuestra historia y después sabremos cómo se describe a sí mismo el personaje protagonista y cómo condiciona nuestros actos.

Somos criaturas que narran historias. Contar una historia es una buena manera de conectar con otras personas. Nosotros no solemos vernos como creadores de mitos, pero en cambio nunca paramos de contar la historia de nuestras vidas. Relatamos los hechos del día a día según suceden, a cualquiera que quiera escucharnos. Nos contamos historias a nosotros mismos, como si quisiéramos explicar lo que ya hemos experimentado. Hablamos con nostalgia sobre el ayer y especulamos sobre el mañana. Algunas historias las contamos con frecuencia, inventando interpretaciones dramáticas y nuevos giros en la trama. ¿Y por qué no? Los humanos se dedican a contar historias.

Es probable que ya no creas en los cuentos de hadas, pero sí crees en la historia de tu vida. Casi todos nosotros ponemos mucha fe en nuestra versión de la realidad. Hablamos de los acontecimientos de nuestras vidas con respeto, los describimos con todo detalle. Hacemos una representación para una única persona, o para varias. Si nos parásemos a escucharnos, también nos daríamos cuenta de lo bien que se nos da jugar con las emociones. Si nos tomásemos el tiempo de escribir la historia de nuestra vida, resaltando los momentos más importantes, veríamos lo fácil que es caer en nuestras propias trampas emocionales. Sin embargo, si lo escribiéramos todo una segunda y una tercera vez, esos momentos acabarían por perder la capacidad de conmovernos. Empezaríamos a darnos cuenta de que damos forma a nuestra historia para enfatizar el drama.

Hasta las mejores historias pierden su impacto emocional tras contarlas la primera vez. Cuando por fin logramos desactivar los desencadenantes emocionales de nuestra propia historia, recordamos cualquier evento sin la habitual autocompasión o el egocentrismo. Podemos hablar de los problemas del presente y de los percances del pasado sin la necesidad de compasión. Si alguna vez leyéramos en voz alta nuestra historia, empezaríamos a darnos cuenta de que no es más que una obra de ficción, una obra de arte. Y veríamos que ni siquiera la mejor de nuestras historias cuenta la verdad sobre nosotros. Entonces, de ser así, ¿quiénes somos?

Como sugería el anciano de nuestra pequeña fábula, lo mejor sería averiguar primero quiénes no somos.

4

La voz del Yo

Desde que tienes uso de razón, has otorgado al personaje protagonista de tu historia el poder para determinar tu realidad. Posee la autoridad de hablar, pensar y tomar decisiones que afectan a tu cuerpo y a tu mundo. Te dice en qué creer y cómo aplicar tus creencias con energía emocional. Al personaje protagonista de esa historia permanente lo llamas "Yo".

Tomémonos unos instantes para comprender qué significa la palabra "yo" en este contexto. "Yo" es la persona a la que aceptas como tu ser real. Hablas de ti a todas horas, ¿no es cierto? Dices "yo", "a mí" en incontables ocasiones a lo largo de una conversación cualquiera. Al decir "yo", dices cosas como: "¡Eh, esto es importante para mí!", o "¿Estás escuchándome?", o "¿Qué están diciendo de mí?". El Yo es todo lo que crees que eres. Es todo lo relacionado con el personaje que creaste a partir de creencias e incontables experiencias.

La palabra "yo", o su equivalente en cualquier otro idioma, es un pronombre —y como cualquier otra palabra en el lenguaje que hablamos, no tiene significado hasta que se lo damos. La diferencia es que "yo" viene con mucho equipaje: recuerdos pasados, juicios y suposiciones automáticas. Depositamos mucha fe en nuestra identidad y esperamos que a los demás también les importe. Lo que creemos que somos se convierte en mitología. Compartimos el mito del "yo" con viejos amigos y nuevos conocidos. Contamos historias fascinantes sobre nosotros. Enviamos fotos para reforzar nuestras historias. Celebramos el "yo" de muchas maneras.

"Yo" siempre hace referencia a la persona que habla, pero no pensamos mucho en quién podría ser esa persona. Decimos "¡Mírame!" para expresar que queremos que presten atención a este ser humano, pero también a nuestros pensamientos, frustraciones y expectativas. Sentimos empatía por nosotros mismos, pero para el que nos escucha, la palabra "¡Mírame!" podría provocar otras emociones. La idea de quiénes somos no es la idea que tienen los demás de nosotros. Puede que nadie piense así de nosotros.

"Yo" no hace referencia al cuerpo que ocupamos. "Yo" no describe la energía que circula por nosotros. "Yo" no es algo primario, porque no lo inventamos hasta que no aprendimos a hablar. "Yo" no existía hasta que empezamos a ver el mundo a través de los símbolos y su significado. En resumen, "yo" no hace referencia a nada real. Hace referencia a una imagen, a una idea que tenemos de nosotros mismos y que hemos intentado expresar con palabras. Por supuesto, las palabras que usamos para describirnos cambian a todas horas, porque vemos las cosas de manera diferente en cada situación cambiante.

La idea de quiénes somos ha evolucionado mucho desde la infancia, cuando empezamos a hablar y a pensar. Aquello que imaginamos ser sigue cambiando —con el tiempo, con el humor y con los comentarios que obtenemos de las personas que nos importan.

Nuestras impresiones cambian, pero cada uno de nosotros se adhiere a un mito general, o a una falsa creencia, de nosotros mismos. El "yo" es una mitología personal, una colección de historias que nos repetimos a nosotros mismos y aceptamos como verdad. Al igual que los niños con sus superhéroes, creemos en el "yo". Protegidos por nuestra mitología, nos sentimos capaces de enfrentarnos al mundo.

El "yo" no es lo que realmente eres. Tú eres vida, o la energía que te convirtió en un ser físico. La vida circula por tu cuerpo y le permite moverse, amar, sentir. La energía de la vida creó tu milagroso cerebro. Hizo que fuera posible una mente pensante y dio voz a su personaje protagonista. La vida es todo lo que se ve y lo que no se ve. Solo existe la vida.

Solo hay vida —e infinitos puntos de vista. Todo aquello creado por la vida tiene un punto de vista, y tu cuerpo es uno de ellos. Tu mente es uno de ellos. El cuerpo humano se desarrolla según su programación biológica, pero la mente evoluciona conscientemente, mediante la atención y los actos deliberados. La mente es aquello que creemos que somos, hasta que decidimos lo contrario. La voz que habla por la mente somos nosotros, hasta que nos damos cuenta de que esa no es en absoluto nuestra verdad.

De todas las cosas que podemos lograr como seres humanos, esta clase de conciencia de uno mismo es la que más recompensas aporta. Puede guiar la evolución del personaje protagonista. El "yo" responde a tu nombre y conoce tu historia. El "yo" es consciente de tu entorno físico y puede además ser consciente de sí mismo.

El crecimiento personal se complica cuando intentamos distanciarnos del personaje que hemos creado. A través del "yo", describimos el mundo y a nosotros mismos. Si aseguramos ser víctima de la voz de nuestra cabeza, seremos víctima en todas las situaciones. Si negamos el poder que tenemos para cambiar la voz del "yo", ¿cómo se nos van a abrir nuevas puertas de consciencia? ¿Cómo podremos vivir sin miedo dentro del sueño de la humanidad, donde hay más de siete mil millones de "yoes" —todos ellos con opiniones propias que quieren ser oídas?

La realidad es la creación personal de cada uno, de modo que eso mismo es cierto en el caso de tu realidad. Los juicios que hay en tu cabeza son el resultado de tus creencias y experiencias pasadas. Si te sientes oprimido por tus propios pensamientos, entonces es el momento de hacerse cargo de ellos. ¿Mi "yo" tiene que ser un inmenso juez o una víctima constante? No. Casi todos nosotros deseamos una relación más cercana con la verdad y lo único que queremos es un poco de tranquilidad de espíritu. Queremos estar sanos, pero con frecuencia nuestros juicios nos enferman. Queremos ser conscientes espiritualmente, pero nuestras creencias nos tienen hechizados.

Si nos tomamos el tiempo de escuchar lo que pensamos y lo que decimos, tendremos la oportunidad de ser más sinceros con nosotros mismos. El comportamiento sigue a la creencia y cualquier creencia puede modificarse. Si desafiamos nuestras propias opiniones, podemos empezar a encontrar el camino de vuelta hacia la autenticidad. ¿Siempre tenemos que llevar razón? ¿De verdad necesitamos tener la última palabra? Si nuestros actos no representan el tipo de persona que queremos ser, podemos tomar nuevas vías de actuación. Podemos cambiar.

Tiene sentido que, cuanto más invirtamos en nuestra propia autoimagen, más difícil sea de cambiar. De manera que no deberíamos utilizar al personaje protagonista de nuestra historia como excusa para sentirnos victimizados o para engañarnos a nosotros mismos. La verdad puede hablar a través de la mente, igual que circula por nuestro cuerpo. La mente puede elegir hacer caso a la verdad y no a las historias. La energía de la vida emplea las herramientas disponibles para crear un cuerpo, un pensamiento o un sueño. Un cuerpo saludable es un vehículo maravilloso para la energía, y una mente consciente es el secreto para que nuestra realidad nos ayude.

Tu cuerpo es real, pero el "yo" es ficción. Y aun así el "yo" dirige el espectáculo. ¿Cuántas veces has defendido tus actos y no has entendido por qué? En ocasiones, todos nos arrepentimos de hacer cosas que consideramos inexcusables o de decir cosas que no sentimos en realidad. Nos gusta decir, "soy humano", pero no es nuestra humanidad la causante del problema. Así que es natural preguntarse quién está al mando. "¿Quién soy?", nos preguntamos, aunque sin esperar una respuesta. Nadie se para a preguntarse quién no es, y es ahí donde hemos de empezar.

Sé consciente de ti mismo como energía y todo cambiará. Así es como funciona. Ya no eres la víctima de tus creencias; eres el creador. Eres el artista. También eres el cuadro —el lienzo que conforma tu realidad. Imagina que agarras un pincel y pintas una figura que se parece a ti. Imagina que lo haces continuamente durante el resto de tu vida. Sin embargo, al contrario que casi todas las figuras en un cuadro, esta tiene cerebro. Tiene un cerebro con una mente que da significado a lo que percibe. Funciona de maravilla, pero no es consciente de que hay un artista. Hay muchas otras figuras en este cuadro, pero ellas tampoco son conscientes del artista. Esto hace que sea inevitable que confíen las unas en las otras para hallar el conocimiento. Reaccionan e interactúan entre ellas. Aprenden las unas de las otras.

El escenario cambia todos los días. Segundo a segundo, se producen cambios sutiles en el punto de enfoque del pintor. La figura cobra vida cuando la tocas. No solo trabajas con los colores y los pinceles, sino que también tomas decisiones a través de este personaje. Puedes trabajar como trabaja la vida, ofreciendo una oportunidad constante de crecimiento, para que la figura principal se adapte bien a un paisaje siempre cambiante. Puedes guiar al "yo" hacia la consciencia.

Algunas personas se atreven a mirar hacia dentro. Se toman el tiempo de escuchar sus propios pensamientos y reflexionar sobre sus actos. Se hacen preguntas. "¿De verdad soy esta clase de persona?".

"¿Estas cosas son genuinas?". "Si hubiera sabido que tenía elección, ¿lo habría hecho del mismo modo?". Se detienen antes de reaccionar y cambian la respuesta. Encuentran el equilibrio emocional. Eso es lo que significa estar presente. Así adquirimos una mente y un espíritu más sanos. Observando, todos podemos aprender. Al modificar la voz de nuestra cabeza, tenemos la oportunidad de hacernos sabios.

Algunas personas dejan de creer por completo en sus pensamientos. Esto es importante porque, cuando la voz de nuestra cabeza pierde autoridad, se queda callada. Podemos observar los acontecimientos y responder con autenticidad. Estamos acostumbrados a reaccionar como se espera de nosotros. Estamos acostumbrados a ver las cosas como nos han enseñado a verlas —y como hemos preferido verlas. Cuando dejamos de mentirnos a nosotros mismos, lo único que queda es la verdad. Lo único que queda es la autenticidad, algo que perdimos al contarnos nuestra historia.

A lo largo de la historia de la humanidad, las personas han estado preguntándose, cuestionando, buscando. Algunas de esas personas han cambiado el mundo —no solo su mundo, sino todo el sueño de la humanidad. Empiezan dudando de lo que saben. Se hacen una pregunta y después otra. Consultan tal vez a hombres y mujeres más sabios. Pronto empiezan a escuchar al personaje principal de su propia historia. Tiene una voz que habla con claridad, y solo les habla a ellos. ¿Qué es lo que dice y qué parte de ese mensaje es verdad? ¿Se puede creer algo de ese mensaje? Y, en ese sentido, ¿cuál es la verdad, qué es real?

Tenemos algunas herramientas asombrosas con las que trabajar cuando se trata de resolver el misterio de quiénes somos. La primera herramienta es el poder de la atención. Nuestra atención es lo que hace que sea posible percibir y aprender. El sonido de nuestro nombre captura nuestra atención, una respuesta que aprendimos en la infancia. La atención hace que entren en juego las demás facultades —miramos, escuchamos, respondemos. Recibimos información y la procesamos. Y, al captar la atención de otra persona, aprendemos a transmitir información a alguien y al mundo.

Sin embargo, con el tiempo hemos perfeccionado el arte de caminar sonámbulos por la vida. No pensamos que necesitemos prestar atención, porque estamos seguros de saber lo que sucede a nuestro alrededor. Nuestra respuesta a las cosas se ha vuelto predecible. Nuestro pensamiento es automático y, de manera automática, damos por hecho que sabemos lo que están pensando los demás. Podría decirse que nuestra atención se ha visto debilitada por el abandono. ¿Y si redescubriéramos su asombroso poder? Tendríamos una mente ágil y flexible cuando los acontecimientos cambien —y el cambio es algo inevitable.

No es necesario desanimarse por las expectativas fallidas. Si utilizáramos nuestros sentidos para recopilar información real, no estaríamos tan perplejos ante la vida. Si de verdad escucháramos —no solo a lo que dice la gente, sino también a lo que nos decimos a nosotros mismos en los momentos de silencio—, empatizaríamos mucho más con los demás y mostraríamos compasión hacia nosotros mismos. En su lugar, hacemos conjeturas y fomentamos los malentendidos. Reforzar nuestra atención puede parecer trabajoso al principio, pero enseguida se obtienen recompensas. El cerebro responde de buena gana a nuevos desafíos. Mira, escucha y observa sin juzgar. Advierte cómo tus respuestas emocionales se vuelven más sinceras sin una historia. La atención puede llevar a la consciencia total en cada momento de la vida.

La segunda herramienta es la memoria. La memoria está almacenada en la materia (nuestro cerebro), del mismo modo que la música se almacena en un compact disc. Somos capaces de almacenar todos los recuerdos de una vida en un cerebro, pero eso no hace que esos recuerdos sean reales. Almacenamos impresiones de las cosas, personas y acontecimientos —pero, como cada cerebro percibe las cosas a su manera, hasta los hermanos recuerdan los acontecimientos de la infancia de formas distintas. La memoria ayuda a crear una impresión de realidad, pero las impresiones no son lo mismo que la verdad. Confiamos demasiado en la memoria para que nos diga la verdad. Permitimos que aparte nuestra atención del momento presente y nos arrastra hacia el pasado. Con frecuencia utilizamos la memoria en nuestra contra, pero tenemos el poder de utilizarla de modo diferente. En su lugar, podemos permitir que la memoria nos ilumine.

Del mismo modo que la memoria desempeñó un papel esencial en las primeras etapas de nuestro desarrollo, puede guiarnos en nuestra transformación adulta. En la infancia veíamos a nuestros padres; escuchábamos e imitábamos. Todo lo que observamos se volvió parte de nuestro patrón de comportamiento. Intentamos caminar, nos caímos y volvimos a intentarlo. Aprendimos a evitar el dolor y a acercarnos hacia el placer. ¿Y qué pasa ahora, cuando deseamos cambiar algunos patrones desagradables? ¿Por qué no hacer todo lo que podamos para cuidar nuestro cuerpo físico y nuestro bienestar emocional? Sabemos lo que se siente al perder los nervios y arrepentirse. Es horrible. Sabemos cómo nos hacen sentir la culpa y la vergüenza, y aun así les permitimos entrar. La memoria puede ayudarnos en nuestros esfuerzos por despertar y resistirnos a las respuestas automáticas. La memoria puede alejarnos de hábitos abusivos, animarnos a levantarnos y seguir hacia delante respetándonos a nosotros mismos.

La tercera y la mejor de las herramientas es la imaginación. La imaginación es en sí misma un súper poder. Visualizamos algo en nuestra mente y entonces lo hacemos realidad. De hecho, solo con imaginar algo maravilloso, tu cuerpo se siente reconfortado y lleno de energía. También podemos imaginar acontecimientos dolorosos y consecuencias horribles. Al imaginarnos lo peor, producimos miedo en el cuerpo físico y extendemos el miedo hacia otros cuerpos. Imaginamos el futuro y desconectamos del presente.

La imaginación es poder, desde luego; pero, como cualquier poder, puede corromperse.

Ahora mismo, podemos practicar usando la imaginación de un modo valioso. Podemos centrar nuestra atención en la emocionante tarea de ser más conscientes. Podemos emplear la memoria para lo que está destinada: para evitar que repitamos errores pasados. Podemos imaginar cosas que nunca hemos intentado imaginar. Podemos dudar de lo que sabemos y renunciar a historias familiares. La mente ejerce una influencia enorme. Ha desarrollado hábitos con el tiempo, pero nosotros podemos cambiar esos hábitos. Al utilizar las herramientas que tenemos a nuestra disposición, podemos calmar el caos interior y encontrar paz en nuestro mundo virtual.

Tú no eres quien crees que eres. De manera evidente, no eres el niño que eras a los cuatro años, enfrentándose a miedos ocultos. No eres el adolescente, ni el novato en el trabajo, o el joven emprendedor. No eres la pareja de alguien ni el niño favorito de mamá. No eres el personaje protagonista de tu historia ni de la de nadie más, sin importar el tiempo que hayas pasado interpretando esos papeles. Y de hecho no eres ese al que llamas "yo", ese que intenta hablar por tu cuerpo físico. No eres tu mente o las leyes que tu mente intenta hacer cumplir. Ha creado una fuerza dominante gracias a esas leyes, pero tampoco eres eso.

En realidad no eres ese pequeño gobierno que hay en tu cabeza, pero sus leyes influyen de igual forma en tus actos y en tus reacciones. A veces ese gobierno parece tolerante; a veces es ciego y cruel. En cualquier caso, el "yo" ejerce de comandante en jefe. Ahora sería un buen momento para decidir qué tipo de líder debería ser el "yo". Ahora es un buen momento para echar un vistazo a tu creación y hacer algunos cambios.

Todos nacimos para aprender, para crecer y para convertirnos en seres humanos conscientes. Nuestra intención era ser los mejores. Pero en algún momento nos distrajimos. Nuestras intenciones descarrilaron. Se nos olvidó lo que era ser auténticos. Puede que parezca imposible escapar de nuestro propio sistema de castigos y recompensas, pero eso no es cierto. Podemos derribar esa estructura si lo deseamos.

Es interesante ver cómo cada uno de nosotros crea una realidad personal. También es interesante ver hasta dónde somos capaces de llegar para defender esa realidad. En vez de defenderla, podemos mejorarla. Hacen falta unos pocos conocimientos básicos para poner en marcha una revolución. Primero, es importante saber cómo se estableció ese sistema. Resulta muy útil entender cómo llegamos hasta aquí, estemos donde estemos, y qué podemos hacer para cambiar nuestro mundo. Podemos explorar maneras de transformar a aquel que nos describe ese mundo.

La consciencia es la habilidad para ver lo que hay, y nunca es demasiado tarde para abrir los ojos.

5

Una mente, una comunidad

PARA ENTENDER UN poco mejor a la mente gobernante, echemos primero otro vistazo a la manera en que hemos sido gobernados a lo largo de nuestra vida. Todos nacimos en una gigantesca comunidad llamada humanidad. A lo largo de miles de años, los humanos han creado grupos, o civilizaciones, por todo el planeta. Creamos grupos para sobrevivir. Aceptamos ciertas reglas —leyes escritas o costumbres rituales— para que pueda mantenerse el orden dentro de esos grupos. Establecemos cuerpos de gobierno compuestos por hombres y mujeres respetables. Creamos ciudades y naciones, regidas todas por su propio gobierno. Cada nación está compuesta de cuerpos de gobierno más pequeños, y todo empieza con la familia.

Una familia forma su propia pequeña nación, tradicionalmente compuesta por un hombre, una mujer y sus hijos. Una familia no puede definirse de una sola manera, por supuesto —una familia se forma cuando personas de diferentes géneros y edades se juntan para garantizar el bienestar y la seguridad del grupo. Puede que el grupo consista en dos personas, o en una docena, o en muchas más. Juntas crean un hogar, que es una extensión de sí mismas. Cada familia está regulada por su propio gobierno. Las familias establecen normas de conducta, normas para ayudar a mantener la armonía dentro del grupo: "Trabajad duro", "Cuidad los unos de los otros", "Respetad a vuestros mayores". También diseñan castigos por romper esas normas. El cabeza de familia toma decisiones clave, establece las normas y las aplica.

Un padre puede ceder la autoridad al otro, o ambos padres pueden compartir el poder por igual, formando gobierno dentro de la familia. Tú y yo nacimos en familias diferentes y crecimos en hogares diferentes. Es probable que las normas fuesen diferentes, así como los castigos por mal comportamiento, pero a ambos nos domesticaron utilizando un sistema de castigos y recompensas. Desde que éramos bebés, aprendimos que por la rebeldía había que pagar un precio. Quien fuera que ejercía de cabeza de familia imponía las normas, empleando el poder de la autoridad.

Claro está, quienes estaban al mando tenían otras formas de persuadirnos. Tal vez utilizaran castigos físicos o maltrato psicológico. En ocasiones, solo era necesario el sutil poder de la sugestión. Usando nuestra propia imaginación para controlarnos, nuestros padres nos contaban con frecuencia historias de niños malos que tenían lo que merecían. "Será mejor que tengas cuidado", nos advertían, empleando a Papá Noel, al hombre del saco o a los espíritus para dejar claro su argumento. Los padres cuentan historias para manejar a sus hijos. Para educar a los niños rebeldes, los intimidan. Para alejarlos del peligro, usan los medios que crean oportunos. Los propios padres son gobernados por las lecciones estrictas que aprendieron en la infancia. Nadie está por encima de la ley.

Los grupos de familias forman comunidades, el siguiente nivel de gobierno. Una comunidad, al igual que una familia, está dedicada al bienestar del conjunto. Cada comunidad tiene un líder, como cualquier familia, y ese líder establece las normas del tipo de comportamiento aceptable. Todos los miembros de la comunidad acceden a cumplir las normas, sabiendo que recibirán algún tipo de castigo si no lo hacen.

Cuando las comunidades crean alianzas con otras comunidades, se establecen ciudades. En una ciudad, hay muchas más personas que quieren ser líderes. La competencia es feroz y el gobierno se vuelve más arduo. Cada ciudad ha de elegir a un alcalde y una legislatura compuesta por ciudadanos entregados. Juntos, deciden las normas de conducta aceptable y varias maneras de hacer cumplir esas normas. Las ciudades se rigen por sus gobiernos individuales y nadie —ni siquiera el alcalde— está por encima de la ley.

Cuando las ciudades desarrollan asociaciones con otras ciudades, se forma una provincia o un estado. Cada estado tiene su propio gobierno, que tiene su propio gobernador y su propio sistema de leyes. Elegir líderes se vuelve más complicado a medida que las sociedades crecen. A los ciudadanos les cuesta más ser participantes activos de su propio destino. Los gobernadores administran justicia de acuerdo con las leyes estatales y hacen cumplir esas leyes mediante cualquier fuerza que tengan disponible. Nadie (al menos en teoría) está por encima de la ley.

Los estados, en última instancia, forman una confederación llamada país o nación. Ahora las apuestas suben para todos. Diferentes tipos de líderes compiten para gobernar todo el país. Una vez en el poder, utilizan su autoridad y las fuerzas disponibles para imponer sus normas. Ese cumplimiento no siempre significa encarcelamiento o castigos físicos. Los gobernadores también pueden utilizar el miedo y la imaginación para manejar a sus votantes. Como hicieron con ellos sus padres, podrían usar amenazas, culpa y vergüenza. Podrían usar simplemente pequeñas sugerencias para influir a la gente. Sea como sea, hacen cumplir la ley. Y con frecuencia descubren que no están por encima de la ley que ellos mismos han establecido.

El líder de una nación podría desear gobernar también otras naciones. Así evolucionan las civilizaciones, a medida que las sociedades se vuelven más complejas y los líderes expanden su autoridad. Las naciones forman naciones mayores e imponen sus leyes a más comunidades y familias. En algunos casos, las naciones pierden poder y son absorbidas. Se dibujan mapas y se vuelven a dibujar. Se siguen creando normas que hay que hacer cumplir con cualquier medio disponible.

Merece la pena recordar que el gobierno exterior ha desempeñado un papel constante en nuestras vidas. Merece la pena porque nuestra realidad personal refleja la forma en que utilizamos esos mismos métodos de gobierno para educarnos a nosotros mismos. Nos han enseñado a responder a los semáforos, a las señales y a las sirenas —porque, si no respondemos, nos arriesgamos a pagar una multa.

No ignoramos el pago de impuestos o las señales de "no pasar" por esa misma razón. En cualquier país, la vida es más tranquila si no desafiamos las leyes locales. Desafiar nuestras propias directrices mentales es otra historia. Al pensar que el juicio severo es algo moralmente aceptable, nos imponemos normas y sanciones a nosotros mismos, y rara vez nos paramos a preguntarnos por qué. ¿Tan malo sería renunciar un poco al control? ¿Qué precio pagaríamos por ser más amables con nosotros mismos?

Crecimos bajo la influencia de una institución gubernamental tras otra. Todos aprendimos observando, escuchando e imitando —de modo que hemos ideado la manera de controlar nuestra propia felicidad. Nos da miedo perder el control. Queremos controlar a otras personas sin tener en cuenta sus libertades o sin mostrarles el respeto básico. Con demasiada frecuencia, nuestro sistema de gobierno se interpone entre nuestro deseo primario de comunicar y amar.

No es de extrañar que nuestros principios —los que nos enseñaron nuestra familia y nuestra cultura— con frecuencia nos repriman y limiten nuestra alegría. Al imitarlos, redactamos nuestra propia constitución y ejecutamos nuestros propios castigos. Nos denigramos a nosotros mismos, nos atacamos y sufrimos el dolor emocional. Por razones que casi todos hemos olvidado, insistimos en negar a nuestro cuerpo los placeres básicos. Con frecuencia nos obligamos a hacer aquello que no disfrutamos y nos vamos a la cama sin cenar (a veces literalmente). En la realidad personal que hemos creado, nadie está por encima de la ley. Ni siquiera nosotros.

Imponer nuestra voluntad a otras personas solo consigue alejarlas. Nuestras leyes no son reales. Nuestro pequeño gobierno solo ilustra lo que no somos. No somos legisladores, avocados a hacer cumplir las leyes a costa de nuestra propia felicidad. Nuestra mente y nuestro cuerpo están hechos para ser aliados en pos de una mejor relación con la vida. Al cuestionar nuestras propias normas, podemos disfrutar de la libertad de actuar y reaccionar con sinceridad. Podemos iniciar el viaje de vuelta hacia la autenticidad.

6

La mente como gobierno

AL PERMITIR QUE la mente actúe como un gobierno, nos alejamos más aún de lo que realmente somos. La creación de leyes y castigos es tarea de las instituciones externas. Eso es lo que hacen las sociedades, e incluso su éxito depende de la voluntad de cambiar lo que no funciona. Con todos nuestros juicios internos y nuestras censuras, hemos construido cárceles virtuales para nosotros mismos —y eso no puede hacernos felices.

Nuestra realidad personal no tiene que ser una cárcel. Debería ser un esfuerzo artístico. Cuando pensamos en ello como una obra de arte que está viva, podemos modificar la obra maestra según avanzamos. Tenemos el poder de tomar mejores decisiones, siempre teniendo en cuenta el bienestar del cuerpo. Al gobernarnos con respeto, creamos armonía en cada faceta de nuestra vida. Claro está, ayuda recordarnos a nosotros mismos para qué se diseñó el gobierno.

El tipo de gobierno con el que casi todos estamos familiarizados consta de tres ramas principales: una legislativa, una ejecutiva y una judicial. Todas ellas tienen el propósito de servir al bienestar del país. Un sistema de controles y equilibrios se asegura de que una rama del gobierno no actúe de manera que socave a las otras dos. Nuestra mente puede trabajar del mismo modo, controlando la integridad de sus propios actos. Cada rama ha de ser transparente y rendir cuentas. La mente ha de ser consciente de sí misma y supervisarlo todo de manera efectiva.

La rama legislativa de cualquier gobierno se llama congreso. El congreso hace las leyes y ratifica tratados, y lo mismo hace la mente humana. La mente crea leyes estrictas —no solo las que imponen la familia y la sociedad, sino también sus propias leyes. Esas leyes —ya sean conscientes o inconscientes— gobiernan nuestro modo de vivir. Nuestras propias reprimendas y nuestros propósitos guían nuestro comportamiento. Eso también incluye nuestros prejuicios y nuestras fobias. Tú cumples las leyes de tu mente, y así tu mente espera que los demás también las cumplan. Quizá te hayas dado cuenta de que te llevas mejor con las personas que respetan tus leyes y aceptan tus puntos de vista.

Tómate un momento para pensar cuánta importancia les das a tus normas y principios. No importa si se parecen a los de tus padres o tus abuelos, porque ahora son los tuyos. Puede que seas capaz de manifestarlos con claridad y quizá critiques a quienes no estén de acuerdo con esos principios. Puede que incluso trates de convencer a miembros de la familia y a amigos para que los sigan también. Si no están de acuerdo, puede que te enfades. Puede que incluso discutas.

Resulta que muchos de los problemas en las relaciones tienen que ver con que tu gobierno quiere tener razón y decide que el otro gobierno está equivocado. Cuando defiendes tu propia constitución, con frecuencia declaras la guerra a otras naciones y a otras personas. La mayoría de la gente declara miles de pequeñas guerras a lo largo de la vida, enfrentándose a cualquier crítica u opinión contraria. Te da la impresión de que no te están respetando, de modo que te vuelves irrespetuoso. Todo eso inhibe tu inclinación natural a amar y ser generoso. Tu congreso ha anulado a tu autenticidad, lo que significa que tu gobierno ha vencido a su propio objetivo.

Perdemos nuestro sentido de la justicia y de la empatía cuando nuestras leyes personales adquieren demasiada importancia. Es agradable tener un código de conducta con el que vivir, pero ese código no debería tener un impacto negativo en nuestras relaciones. Quizá ni siquiera veamos ciertas ideas como principios, pero el personaje llamado "yo" las utiliza igualmente para legislar y juzgar. Las utiliza para reprender a otras personas y discutir consigo mismo. Entender nuestras propias acciones y reacciones hace que sea posible un cambio en nuestro gobierno interno.

Piensa en las ideas que te definen —ideas que le dicen al mundo quién eres. Eres un activista o un voluntario. Eres adicto al trabajo. Eres liberal o conservador. Eres leal hasta el extremo. Eres temeroso de Dios, patriota, y el fan número uno de tu equipo local. Estas pueden parecer formas admirables de describirte a ti mismo, pero ¿han hecho que tu vida sea más fácil? ¿Cuánto tiempo pasas explicando y defendiendo tu posición? ¿Criticas a las personas que se describen de manera diferente? ¿Sientas las reglas ante tus familiares y amigos y esperas que ellos se muestren tan entusiastas como tú? Puede que sigas queriendo iniciar una guerra o simplemente ganar algunas batallas. En cualquier caso, tu poder no reside en las opiniones. Solo son opiniones. Una buena discusión no deja de ser una discusión.

Podría parecerte que tus creencias e ideologías son lo que mejor te define, pero no es así. Las ideas que valoramos representan una manera de pensar que nos hace sentir seguros y, posiblemente, incluso superiores. Les otorgamos mucho poder emocional, pero ellas no tienen poder por sí solas. Las ideas e ideologías influyen nuestra manera de comportarnos, lo cual con frecuencia parece acertado, pero también pueden perjudicar nuestra capacidad para interactuar y compartir tiempo con los demás.

Piensa en tus creencias. ¿Son más importantes que tu verdad? ¿Son más valiosas que el amor?

Respetar el derecho de alguien a tener una opinión es un acto de amor. Es un regalo para los demás permitirles compartir sus puntos de vista. No es tan difícil escuchar sin juzgar. No es tan raro decir "No sé" y relajar el momento. Que los demás sepan que su punto de vista es válido. No siempre tenemos que llevar razón. No tenemos que ser el "yo".

Casi todas las batallas que libramos están en nuestra cabeza. Peleamos con ideas y nociones de lo correcto y lo incorrecto. Y entonces llevamos esa batalla al exterior, y discutimos sobre la verdad y la mentira, el bien y el mal. Nuestra manera es brillante; la de ellos es estúpida. Como casi todos los conflictos entre naciones, nuestras guerras con otras personas son declaraciones públicas de prepotencia.

Tenemos tendencia a defender al personaje protagonista de nuestra historia, con frecuencia como si defendiéramos la vida humana. Piénsalo por un momento: estamos defendiendo la integridad de algo que no es real. Quizá nos dé miedo quedar mal, y eso revela todo el problema. En otras palabras, perderemos nuestras máscaras. Abandonaremos la mentira. Incapaces de apoyar lo que no somos, nos presentaremos desnudos y auténticos frente al mundo —que quizá sea lo que hemos necesitado siempre.

Si nos negamos a renunciar a viejas costumbres y mentiras, ¿cómo vamos a experimentar nuestra verdad? Seguiremos estando peleados con el mundo. Seguiremos viendo injusticia por todas partes y haremos que nuestra vida sea mucho más difícil. La voz del "yo" insiste en que llevemos razón y los demás se equivoquen, pero ¿de dónde proceden nuestras ideas? Si nos atrevemos a incorporar nuevas ideas, ¿qué entrará en juego? ¿Quién necesita protegerse de esa inquietud? Si queremos tranquilidad de espíritu, no la encontraremos peleando e insistiendo.

Encontramos una tranquilidad inesperada cuando dejamos de intentar defender al personaje protagonista.

7

La justicia y el juez

LA CREACIÓN DE leyes es cosa del congreso, una rama del gobierno. Podemos decir que la mente actúa como una rama legislativa, pero la mente inventa maneras de aplicar sus leyes también. Así que fijémonos en la segunda rama del autogobierno: la judicial.

La rama judicial decide cómo deberían aplicarse las leyes en determinadas circunstancias. Al igual que los gobiernos externos, nuestro gobierno mental exige castigos por quebrantar la ley. Tenemos muchas maneras diferentes de imponer castigos a quienes nos rodean. Nuestros castigos pueden ser sutiles o brutales, o tal vez dirijamos nuestra rabia contra nosotros mismos. ¿Cuántos de nosotros nos hemos torturado por comer demasiado, por lograr demasiado poco, o simplemente por no estar a la altura?

Las personas gestionan sus sistemas judiciales de manera diferente. Puede que tú seas duro contigo mismo, pero indulgente con los demás. Puede que tú seas ajeno a tus propios delitos, pero muy sensible a los de otra gente. Quizá seas una persona cariñosa con los demás, pero cruel contigo mismo —o al revés. La mayoría de las personas pueden ser crueles si están enfadadas o se sienten inseguras. Antes de poder hacer cambios en tu particular sistema de justicia, has de entender cómo funciona.

Todos hemos de tener en cuenta nuestros actos. Podemos preguntarnos: "¿Esta respuesta es justa? ¿Estoy siendo respetuoso en esta situación? ¿Querría que me trataran así?".

"Respeto" es una palabra que queda grabada en nosotros en la infancia, aunque nunca nos dieron la oportunidad de entenderla plenamente. Pese a lo que a muchos de nosotros nos dijeron, nadie tiene que ganarse el respeto. Todo el mundo es diferente, pero cada cuerpo humano es una copia de la vida misma. Cada criatura da fe del baile de energía y materia —esa es razón suficiente para mostrar respeto. El respeto hace que sea posible ver más allá de las opiniones y costumbres de alguien. Hace que sea posible ver la verdad, y la verdad nos libera de nuestros engaños.

No hay justicia verdadera cuando un gobierno actúa a ciegas. Cuando la mente reacciona automáticamente, cometemos errores de juicio. Pagamos un precio muy alto por nuestras suposiciones, causando un sufrimiento innecesario. Si nos negamos a ver las cosas como son, podemos decepcionarnos. Culpamos y guardamos rencores. Mostramos desprecio por nosotros mismos y por los demás. ¿En qué medida esto nos convierte en mejores seres humanos? ¿En qué medida nos hace sentir más seguros y más en paz con nosotros mismos?

El respeto es la solución a la injusticia. El Cielo, según cualquier interpretación, está gobernado por el respeto. Creamos el cielo en la tierra al respetarnos a nosotros mismos y a todos los seres vivos. El respeto hace que nuestras interacciones con otras personas sean más placenteras. En casa en nuestra vida social y en nuestros acuerdos de negocios, el respeto gana aliados. Alguien no tiene por qué caernos bien para mostrarle respeto. Todas las relaciones humanas prosperan con el respeto mutuo, aunque no estemos de acuerdo con las ideas.

No podemos dar aquello que no tenemos, así que el respeto ha de comenzar con nosotros. No a todos nos enseñaron de pequeños el respeto por uno mismo. Puede que no nos hayan animado a respetar nuestros cuerpos y los cuerpos de otros seres humanos. Como adultos, ahora podemos evaluar lo amables que somos con nosotros mismos. ¿En qué medida somos justos? ¿En qué medida es severo nuestro sistema de justicia, sobre todo cuando se trata de nuestro propio comportamiento? ¿Podemos perdonarnos a nosotros mismo? ¿Sabemos acaso cómo hacerlo?

Igual que el perdón es esencial para tener un país sano, también lo es para una mente sana. A lo largo de la historia de la humanidad, la práctica del perdón ha convertido a enemigos mortales en aliados compasivos. Esto sucede también en nuestras vidas. El perdón cierra viejas heridas. Con frecuencia nos resistimos al impulso de perdonar, porque creemos que eso absuelve a las malas personas de un castigo justo. La culpa o la inocencia no son lo importante. El perdón nos libera a cada uno de la necesidad de odiar.

El perdón nos alivia del peso del pasado, para poder seguir hacia delante sin esa carga. Para las naciones y los individuos por igual, el pasado es un cadáver que no deberíamos querer llevar a cuestas. La memoria debería enseñar, no torturarnos. Queremos volver a estar bien, ser felices. Al perdonar una transgresión, nos liberamos a nosotros mismos del tormento.

Piensa en cómo utilizas recuerdos pasados para hacerte daño, una y otra vez. No hay justicia en nada de eso. Sientes el dolor una y otra vez y tú eres el único afectado. Recordar te pone triste y la vida se vuelve triste para quienes te rodean. Ignoras el momento presente hasta que eso también se convierte en el pasado. El futuro se enturbia con el odio.

Todos los momentos verdaderos se pierden frente a los momentos que nunca existieron. Así que, claro, sientes que te has perdido algo.

A todos nos educaron mediante un sistema de recompensas y castigos. Las recompensas podrían ser una atención positiva por nuestro comportamiento —palabras de alabanza o gestos de afecto. Puede que nos compraran un helado por un trabajo bien hecho o que nos permitieran pasar el día fuera jugando con un amigo. El castigo podía significar una ausencia de respuesta por parte de nuestros padres o palabras duras. Un castigo podría haber supuesto un azote o un maltrato peor. Pero también nos parecía un castigo cuando nos culpaban por algo o nos hacían sentir avergonzados.

De adultos, hemos aprendido a recompensarnos por nuestras buenas acciones y a culparnos por las malas. Nos sentimos avergonzados sin saber por qué. Nos sometemos a la clase de castigos que tolerábamos de niños y no nos ofrecemos perdón. Como en ocasiones hacen los padres con sus hijos, descuidamos nuestros cuerpos o los juzgamos con dureza. Al negarnos a responsabilizarnos de las historias que

contamos, culpamos al cuerpo humano por la inco-
modidad y el dolor. Y luego vamos un paso más allá:
inventamos otros personajes para que carguen con
la culpa.

Al haber crecido creyendo en los duendes y en
Papá Noel, estamos acostumbrados a sentirnos
observados y juzgados. Esperamos ser castigados
por alguien. ¿Por qué no íbamos a sentirnos ansiosos
y neuróticos? Tememos la ira del dios en el que nos
enseñaron a creer. Queremos contentar a los ángeles
y culpamos a los demonios por las cosas "horribles"
que hacemos. Nos vemos en acción, condenamos y
castigamos. Parece que estamos dispuestos a seguir
siendo inmaduros solo para evitar hacernos cargo de
nuestra realidad.

Si nos imaginamos a nosotros mismos como el
personaje central de la historia de nuestra vida, nos
añadimos a una larga lista de criaturas ficticias de la
infancia —solo que el "yo" es el único que no parece
aceptar la culpa. Decimos cosas como, "Error mío"
y "La culpa es solo mía", pero no estamos hablando
de la mente, ni del personaje principal de nuestra
historia. Casi siempre estamos culpando al cuerpo

humano. Lo juzgamos y normalmente lo consideramos culpable.

Cuando el personaje protagonista actúa a modo de juez todopoderoso, nuestro cuerpo reacciona con miedo. El "yo" es el abusón del patio del colegio en nuestro mundo, dispuesto a pegar puñetazos e intimidar. El personaje protagonista en la historia de todos es el que hace las normas, el juez, el encargado de hacer cumplir las reglas —y además el presidente de una nación muy privada. Así que hemos de prestar atención a cómo hablamos a través del "yo".

Una mente indulgente es justa. El perdón crea inmunidad al dolor. No hemos de castigarnos a nosotros mismos por errores pasados o inventar nuevos errores. Sean cuales sean las circunstancias, todos lo hacemos lo mejor posible. Mañana podremos hacerlo aún mejor, pero no si nos asusta quien está al mando de nuestro sistema judicial —no si nos asusta el juez. Todos necesitamos autorregulación, pero eso solo se consigue mediante la consciencia de sí mismo. Hemos de asegurarnos de que nuestras leyes no hacen daño al ser humano; hemos de asegurarnos de que nuestra realidad no está gobernada por un lunático.

¿Cómo se comportan los lunáticos? Faltan el respeto al cuerpo humano y lo castigan por sus malas decisiones. Se mienten a sí mismos. Se lo toman todo como algo personal. Inventan conflictos y disfrutan del drama. Dejan que la arrogancia tome decisiones por ellos. Dejan que el miedo los controle. Discutir por opiniones es una locura. Insistir en tener la última palabra es agotador. Poner condiciones al amor suena contraproducente. Aun así, hacemos cosas como esas a todas horas. Y sufrimos por ello.

Parece que creamos todo tipo de excusas para sufrir. El sufrimiento es la única adicción para muchos de nosotros, y encontramos la manera de crearlo. Queremos llevar razón a toda costa y sufrimos cuando nos dicen que estamos equivocados. Sufrimos por nuestros propios juicios y a la vez imaginamos que estamos siendo juzgados. Sufrimos por nuestros malos hábitos —culpamos al tabaco, a las drogas o al alcohol. Culpamos a la comida. Culpamos a los deportes. Culpamos a todas las cosas de nuestra educación. Culpamos a los seres queridos de nuestra infelicidad. Y, por supuesto, culpamos al cuerpo físico por decepcionarnos.

Puede que esto no resulte fácil de admitir —puede que no resulte fácil de arreglar—, pero, con un poco de entendimiento, podemos reparar un sistema corrupto. Podemos respetarnos a nosotros mismos —sin razón o con razón. Podemos ser nuestro campeón y nuestro mejor amigo, negándonos a sufrir —sean cuales sean las circunstancias.

¿Por qué sufre un ser humano? El problema es casi siempre el liderazgo. Los líderes responsables cuidan primero de su país —de su cuerpo. Los líderes conscientes no creerán las mentiras que se cuentan a sí mismos. Los líderes eficaces no ceden al miedo o a la intimidación. La mente lidera porque nosotros se lo permitimos. Creemos en el personaje que ha creado y permitimos que hable en nuestro nombre. Creemos en sus opiniones y en sus recuerdos, pero el "yo" no representa la verdad.

La mente no puede reproducir la verdad. La verdad es pura energía. Ser conscientes de nosotros mismos como energía, o como verdad, es una revelación importante. La mente seguirá hablando,

hablando de cara al mundo como si fuera una amiga bien informada, pero nosotros no tenemos por qué creerla. Podemos revelarnos contra la voz del "yo" en cualquier momento.

El "yo" es el punto de vista del reflejo de la vida. Es una inteligencia artificial. La información de la vida se filtra a través de todas las ideas y característica que nosotros mismos nos hemos dado. El personaje protagonista posee su propia inteligencia, pero cada "yo" es diferente, dependiendo del desarrollo del cerebro y de las circunstancias que afecten al cuerpo físico. Cada uno de nosotros se identifica con ese personaje, de modo que nos resulta difícil separar el "yo" de la realidad.

De esta manera, permitimos gobernar al "yo", sin ninguna interferencia.

8

El comandante en jefe

AL TRATAR DE responder a la pregunta "¿Quién soy?", puedes empezar a vislumbrar quién no eres. Tú no eres tu cuerpo, sino el guardián de su bienestar y de su integridad. Tú no eres las historias que te cuentas a ti mismo. Tú no eres el personaje protagonista de esas historias, pero crees que lo eres —tanto que en ocasiones estás dispuesto a defender su punto de vista con tu vida. Tú no eres tu mente, pero eres responsable del mensaje que esta envía a tu cuerpo.

También eres responsable del mensaje que, a través de tu cuerpo, envía al resto de la humanidad.

Tu mente ha aprendido a actuar como un gobierno compuesto por tres ramas. Tiene un congreso que hace las leyes. Uno rama judicial obliga a cumplir esas leyes mediante un sistema de recompensas y castigos similar a los métodos que tu familia y tu comunidad utilizaron para educarte a ti. En este capítulo abarcaremos la rama ejecutiva, y el "presidente" encargado de tomar decisiones.

Primero, hemos de entender que el líder de tu propia nación no es real. El que maneja tu pequeño gobierno es producto de tu imaginación, pero aun así tiene el poder de afectar a tu mundo.

Entonces, ¿qué clase de líder quieres ser? Recuerda, no puedes dar lo que no tienes. Si quieres ser más compasivo, debes tratarte a ti mismo con compasión. Si quieres representar la verdad para los demás, deja de mentirte a ti mismo. Si quieres amar a alguien en el sentido más verdadero, ámate a ti mismo sin condiciones.

Como con cualquier gobierno, la mente necesita tomar decisiones que ayuden al cuerpo. Las adicciones de la mente se convierten en las adicciones del cuerpo, de modo que todos deberíamos dejar de buscar excusas para sufrir. Da igual que el cuerpo físico esté sano o enfermo, pues de igual modo necesitará un cuidador de confianza. No puede prosperar cuando se ve intimidado más allá de lo razonable. Necesita cariño, no críticas. Necesita mensajes de placer, no de perdición. Necesita reír.

Los líderes responsables gobiernan de forma justa. Los comandantes sabios conocen el poder que ejercen sobre otras mentes y otros corazones, y utilizan ese poder con cuidado. Son conscientes de los desequilibrios y de los prejuicios que tienen lugar dentro de su administración. Sin un liderazgo consciente, todo el país sufre. Piensa qué tipo de líder eres o quieres ser y piensa en la gente a la que afectará a diario tu liderazgo.

Si queremos gobernar este cuerpo (nuestro país) con más sabiduría que hasta ahora, debemos evaluar nuestro estilo de gobierno de manera justa. Hemos de ser sinceros con nosotros mismos, admitir nuestros errores y estar dispuestos a cambiar. Las tres ramas de gobierno tienen que ser responsables de la felicidad del ser humano. Si no estamos dispuestos a prestar atención a nuestra evolución personal, el cuerpo seguirá pagando el precio.

El personaje protagonista de nuestra historia, el "yo", quiere presidirlo todo. El problema, claro está, es que el "yo" ha sido la víctima durante mucho tiempo. El "yo" se siente perseguido por el sistema o juzgado por la sociedad. El "yo" está siempre a la defensiva. ¿Cómo entonces puede el "yo" ser un líder fuerte? ¿Cómo puede ser un juez imparcial?

Del mismo modo, el "yo" podría estar siempre enfadado o resentido. Si se muestra siempre crítico, ¿cómo trabajará en armonía con otras ramas de gobierno? Si el "yo" es un juez y un abusón, ¿cómo logrará la sabiduría necesaria para guiar a una nación? ¿Cómo surgen los acuerdos informales entre líderes y cómo se aprueban los tratados?

Para muchas personas, ha habido una víctima actuando como comandante en jefe de las fuerzas armadas de su país. Eso pone en riesgo a todo el país. ¿Qué es una víctima? Alguien que se queja a todas horas. Alguien que ve injusticias personales en todas partes e insiste en que le "traten justamente".

Es evidente que no hay nada justo en un individuo que desea el beneficio de la atención de todos. No hay justicia en un sistema gobernado por las necesidades de una persona, sin preocuparse por las necesidades de los demás.

Cuando creemos que somos víctimas, nos volvemos irracionales. Cuando nos mostramos inseguros, las pequeñas batallas se convierten en enormes conflictos. Cuando se desata una guerra, ¿quién paga el precio? El cuerpo —y entonces es difícil volver a generar felicidad. Nos sentimos físicamente invadidos y desanimados, solo por aquello que creemos que es cierto.

El espíritu significa vida, y la vida es la verdad de lo que somos. Somos espiritualmente maduros cuando mantenemos una relación cercana con la vida —cuando podemos distinguir lo real de lo irreal. Las relaciones maravillosas no suceden cuando estamos obsesionados con el "yo" y con todas las cosas que conciernen al "yo". No habrá paz mientras sigamos librando guerras en nuestro interior y a nuestro alrededor.

Nuestros cuerpos sienten el estrés y la ansiedad que creamos al ser siempre víctimas o jueces. Eso hace que resulte especialmente importante tener en cuenta cómo gobernamos —cómo legislamos, cómo tomamos decisiones y cómo elegimos nuestros castigos. Nuestro cuerpo es el primero en sentido el maltrato, pero no es el único. ¿Cómo tratamos a los ciudadanos de nuestra nación —aquellos que trabajan con nosotros, viven con nosotros y dependen de nosotros? Podemos ser un ejemplo de lo que un mal gobierno puede causar en los seres humanos buenos, o podemos demostrarles lo que hace falta para llevar una vida feliz y funcional.

El desarrollo físico está integrado en nuestro código genético, pero la evolución espiritual necesita nuestra atención y nuestra voluntad. La manera en que el personaje protagonista cuenta su historia afecta al estado anímico del país y de sus aliados más cercanos. Los seres humanos son animales sociales, y la mente refleja nuestra necesidad de otros cuerpos —en otras palabras, le gusta conectar con otras mentes. Levanta fortalezas en otros sueños enviando a sus mejores embajadores —las palabras y las ideas. Funda embajadas en las realidades de otras personas y reclama para sí un poco de influencia.

Cuando habitamos espacio en la mente de los demás, resulta tentador interferir en sus asuntos. Podríamos cuestionar su cultura, pasar por alto el hecho de que estamos en su mundo, no en el nuestro. El efecto positivo que tenemos en las personas es el resultado de nuestro respeto por sus tradiciones y sus creencias. La paz es el resultado de honrar el modo de hacer de otros seres humanos sin imponerles nuestras leyes.

Todos queremos paz; todos queremos sentir que nuestro mundo está a salvo. Queremos sentirnos seguros, orgullosos de nosotros mismos. Es curioso que nos encante alabar el país en el que vivimos, pero nunca hemos aprendido a alabar el cuerpo que nos sirve de hogar. Nuestro cuerpo físico es una extensión de quienes somos. Alberga nuestra mente. Es el hogar de la energía infinita que nos recorre. ¿Estamos orgullosos de eso? ¿Estamos dispuestos a protegerlo, incluso por encima de nuestras opiniones favoritas?

Cuando viajas, quizá descubras que a la gente de otras culturas le gusta oírte describir tu país. Es agradable hablarles de su belleza natural y de sus muchas libertades. Presta atención a lo que le cuentas a la gente sobre tu cuerpo en un día normal. ¿Hablas de ello con amor y respeto, o con desprecio? ¿Y qué hay de su liderazgo? ¿Inspira o intimida? ¿Es un liderazgo estable, generoso, capaz de ver más allá de su propia historia? ¿Hace que la gente se sienta a salvo? ¿En qué medida estás orgulloso del cuerpo que tantos privilegios te ofrece?

El líder de tu "país" es quien percibe y describe todo. El que está leyendo estas palabras es el personaje protagonista de tu historia. Tú eres el presidente de tu propia nación y te sometes a todas las normas que has establecido, basándote en lo que has observado a lo largo de tu vida. Verás que eres tú quien crea y aplica las normas, sean justas o no. Tu influencia llega tan lejos como lleguen tus palabras. Tu poder es tan fuerte como tu autoridad personal.

Si eres capaz de ver cómo está gobernada tu nación, tal vez también puedas advertir que quienes te rodean son líderes de su propia nación. Tu madre es su propio gobierno. Tu padre, tus hermanos y tus amigos están presididos por sus propios gobiernos.

Tú buscas oportunidades de participar en esos gobiernos. Un gobierno se ve influido por las conversaciones de su gente. Las ideas que enviamos —al escribir, al hablar, al cantar, al filmar— van directas a otras mentes. Nuestros embajadores llegan a otras naciones y nosotros recibimos a embajadores de otras naciones. Todos tenemos influencias sobre nuestro gobierno, igual que influimos en nuestras familias, tribus y ciudades. Juntos, influimos en la humanidad —y en el equilibrio de la vida en la tierra.

Ser conscientes de esa clase de poder debería alentarnos para utilizarlo de manera responsable. Los humanos no pueden controlar el planeta, pero sí pueden herirlo. Como "presidentes", no podemos controlar el cuerpo en el que vivimos, pero sí podemos herirlo. No podemos evitar que el cuerpo envejezca o enferme, pero podemos hacerle daño mediante nuestras acciones, reacciones y descuidos. Podemos sedarlo o intoxicarlo. Podemos envenenarlo y corromperlo; y lo hacemos. La corrupción, una vez más, es el problema. La verdad es la solución.

¿Qué es la verdad? La verdad no puede explicarse con palabras. De hecho, las palabras nos alejan más aún de la verdad, creando una realidad propia. Sin embargo, todos sabemos instintivamente que somos algo más que palabras y teorías. Estábamos completos antes de aprender un lenguaje. Podemos volver a sentirnos completos sin confiar en símbolos que hablen por nosotros. Las palabras son nuestros emisarios, pero, una vez más, no son nuestra verdad.

Cierra los ojos y podrás sentir la energía que circula por tu cuerpo. Podrás sentirla bajo tu piel, calentándola. Nota tu aliento, tus latidos, el aleteo de tus párpados. Mueve los dedos, las piernas, la cabeza, siente el poder que demuestra cada movimiento. Ese poder es la vida, que se cuela por todos tus pequeños universos. Cada emoción es real. Cada percepción sensorial está diciéndote la verdad. Los pensamientos que manipulan tus emociones no son reales.

Lo que eres es pura energía, la fuerza de la vida. Nada más es real. La mente es un espejo de la verdad, y los espejos no hacen más que intentar representar lo que es real. El reflejo de un espejo depende de la calidad del espejo. La energía de la vida es real. Es lo que eres, lo que somos todos. No hemos de demostrar nuestra valía. Nos olvidamos de eso, pensando que tenemos que luchar para que se nos reconozca, y después luchar para mantener ese reconocimiento. Luchamos por la atención. Luchamos por las ideas y las opiniones personales a costa de nuestra salud emocional. Luchamos por entendernos a nosotros mismos y luchamos porque se nos entienda.

La vida es verdad y no hace falta entenderla. La verdad no necesita pruebas, ni siquiera fe, para sobrevivir. Y no necesita nuestras historias. La verdad existía antes que las historias, antes que la humanidad; y la verdad seguirá aquí cuando todos los narradores nos hayamos ido. No necesitamos un pensamiento o una teoría que nos demuestre la verdad. La verdad puede sentirse en nuestro amor y en nuestra pasión duradera por vivir.

Si entendemos cómo nos gobernamos a nosotros mismos, podremos crear un gobierno más benevolente. Podremos cambiar el temperamento de su líder. A casi todos nos intimida el poder, pero estamos ansiosos por usar el poder en nuestra contra. Vemos violencia por todas partes, pero no la clase de violencia que infligimos a nuestro cuerpo. Lo hemos torturado para que sea más delgado, más fuerte o más atractivo. Hemos sido crueles con el cuerpo, con frecuencia para intentar controlar sus impulsos naturales. Al darnos cuenta de eso, podemos cambiar. El cuerpo humano nos ha servido con lealtad y se merece a cambio lealtad.

Nos imaginamos que la vida nos es favorable o nos trata mal, pero la vida es lo que somos. Nuestra mente puede imaginar muchas cosas, así que imagina cómo puede la mente conspirar con la vida. Imagina que renuncias al control en este momento y te rindes a la vida. Imagina que pases un día sin tener que ser "yo". Con un poco de imaginación, podemos gobernarnos de nuevas maneras y encontrar soluciones a problemas recurrentes. Al fin y al cabo, imaginar y resolver problemas es lo que mejor se le da a la mente.

Todos estamos en proceso de crear la realidad que creemos merecer, y cada uno de nosotros ha definido al personaje central. Cada uno de nosotros ve el mundo a través de los ojos del "yo", y el "yo" tiene puesto el piloto automático, creando normas y ejecutándolas sin ser plenamente consciente. Como todas las grandes historias, a tu historia personal le vendría bien un héroe. A tu cuerpo le vendría bien un salvador.

Resulta que el único que puede salvarte es el personaje principal de tu historia. Aquel a quien llamas "yo" no es real, pero afecta a las cosas reales. En vez de percibir la verdad, la mayoría de nosotros cede ante una voz interior. Hacemos caso a nuestros propios pensamientos. Los creemos y los obedecemos, a costa de nuestra felicidad. Nos centramos en conversaciones pasadas, en momentos pasados, en años pasados. Puede que nos haya llevado tiempo y paciencia aprender esos hábitos, pero pueden deshacerse con mucho menos esfuerzo. Tenemos las herramientas. Tenemos la atención, la memoria y la imaginación para guiarnos hacia delante.

Si el "yo" es el problema, también es la solución. Tu país ya tiene un líder que desea ser sabio y compasivo. Si te preguntas cuestiones más profundas de la vida, tal vez ya seas un presidente preparado para anteponer el bienestar del país. Tienes una legislatura que desea corregir sus leyes y un sistema de justicia que respeta a todos los individuos. Percibes lo que es real y lo que no lo es. Estás preparado para dar el próximo paso.

El cambio requiere acción. Una acción lleva a otra, y a otra, hasta que los nuevos hábitos se vuelven automáticos y los cambios se hacen evidentes. Con el tiempo, las reacciones de las personas cambian y te ven de un modo diferente. No es necesario mirar hacia otros gobiernos en busca de soluciones. Tienes todo lo que necesitas para construir una nación saludable y próspera. Tienes la voluntad y tienes la consciencia.

De modo que, si lo que llamamos realidad es algo virtual y el "yo" no es real, entonces ¿qué pasa con el mundo que nos rodea? ¿Qué otras cosas no son reales?

¿Qué otras perlas de sabiduría hemos pasado por alto?

PREGÚNTATE, "¿QUÉ ES REAL?"

9

La segunda perla

¿Qué es real? Sabrás lo que es real cuando aceptes lo que no es real.

Cuando aprendemos a desafiar a nuestras historias, entendemos quiénes no somos. Al darnos cuenta de eso, podemos ser conscientes de la verdad. Podemos verlo todo desde un punto de vista infinito. Te has acostumbrado a verte a ti mismo como un producto de la vida y quizá incluso como una víctima de las circunstancias. Al modificar tu atención, podrás verlo desde otra perspectiva: tú eres el artista de esta creación. Eres la energía misma.

Al preguntarnos "¿Qué es real?", estamos desafiando lo que creemos que sabemos. Nada es como lo imaginamos. De nuevo, piensa en el cerebro como un espejo. Si nuestras manos quisieran tocar la imagen de un espejo, tocaríamos cristal, no la cosa cuya imagen se refleja. La mente utiliza la información recibida por el cerebro para crear una imagen de la realidad. El pensamiento es el reflejo. Si intentásemos alcanzar físicamente un pensamiento, no podríamos.

Contemplamos un espejo de cristal para hacernos una idea de cómo son nuestros cuerpos. Dependemos de un reflejo exacto, pero siempre obtenemos un grado de distorsión. La mente refleja la verdad a su manera. Ve a través del filtro de las ideas y opiniones existentes. Ve aquello que le han enseñado a esperar. Hasta cierto punto, todos percibimos reflejos distorsionados de la verdad.

¿Por qué esto es importante? Porque, como descubrimos antes, nos identificamos con la mente. Estamos totalmente convencidos de ser el personaje protagonista en la realidad de la mente. Imagina qué ocurriría si el reflejo fuera consciente de sí mismo. Probablemente eso produciría una enorme perturbación. ¿Y si te dieras cuenta de que no eres tus pensamientos y creencias —de que ni siquiera eres el "yo"?

Puede que no sea fácil de imaginar; puede que no parezca divertido. Quizá hablar de mentes, espejos y reflejos te resulte perturbador. Eso es buena señal. Significa que acabas de desafiar una creencia de algún tipo. Puedes negar esa perturbación, claro, o puedes reconocerla, e incluso aprovecharte de ella.

Si admites que tu mente es un reflejo de lo que es real, y no uno muy preciso, verás que la tuya no es más que una interpretación de la realidad —una de más de siete mil millones de interpretaciones individuales. Entonces puedes experimentar. Puedes poner en una perspectiva razonable lo que ese reflejo te dice y centrar la atención en tus sentidos. Puedes empezar a notar cómo se siente tu cuerpo, emocional y físicamente. ¿Esos sentimientos proceden de un recuerdo? ¿Reaccionan a una narrativa en curso? ¿Qué te dices a ti mismo y por qué?

Cuando no estás pensando, tu cuerpo es libre de sentir, sin tus interferencias. Regulará los cambios emocionales a su manera. Será capaz de decirte cuándo algo va físicamente mal, y tú te darás cuenta. Serás capaz de modificar tus respuestas habituales —como la rabia, la indignación y el miedo. Las emociones te informarán, que es lo que se supone que han de hacer las emociones. Ninguna emoción debería volverse adictiva o crónica y enfermarte.

Imagínatelo y podrá ocurrir. Imagina que encuentras de manera automática el equilibrio emocional. Imagina repasar tus pensamientos a todas horas, sin importar lo que esté sucediendo a tu alrededor. Parece divertido, pero, al no pensar tanto, estarás más cerca de responder a la pregunta "¿Qué es real?". Al percibir sin pensar, notarás lo que no es real ahora y nunca lo fue.

La percepción pura no es lo que te dices a ti mismo. No depende de lo que te digan los demás. Deja de pensar —entonces podrás observar, escuchar y sentir. La verdad es evidente en todo lo que ves y experimentas. Quédate quieto un momento. ¿Oyes la voz del "yo" comentando este momento? Podría estar explicándote lo que estás leyendo ahora mismo, o planificando qué hacer cuando dejes de leer. Podría estar distrayéndose, haciendo comentarios sobre otra persona —lo que ella hizo, lo que él dijo. Quizá esté disfrutando de conversaciones que no han sucedido y que es probable que no sucedan nunca.

Tus pensamientos siguen una línea argumental, a veces con un principio, un desarrollo y un final. La historia incluye personajes conocidos, a quienes crees que conoces bien. Tu realidad está poblada de otros personajes —no tanto personas reales, sino las cosas que crees saber sobre esas personas. Suceden cosas y las personas existen, pero tu manera de entenderlas es producto de los sueños. Todos estamos "soñando" la realidad.

Cuando estamos despiertos, nuestro sueño suele basarse en acontecimientos reales, pero cada uno interpreta esos acontecimientos de manera diferente. Vemos y oímos cosas de acuerdo a nuestras creencias y conjeturas particulares. Como hemos visto, todo el mundo cree al "presidente" sin importar lo que esté diciendo —y todos obedecemos las leyes que existen dentro de nuestra realidad personal.

Dormidos, seguimos soñando, pero las leyes son diferentes, si es que acaso existen leyes. La ley de la gravedad podría no existir en tus sueños cuando duermes. Las leyes de la física se ignoran y la lógica básica se vuelve irrelevante. Nuestros sueños cuando estamos despiertos siguen las leyes de la física —y las leyes cívicas y sociales—, pero los sueños que tenemos cuando dormimos ignoran todas ellas. En cualquiera de los casos, estamos soñando. Todos fabricamos impresiones distintas de cada momento, estemos donde estemos y hagamos lo que hagamos. El momento es real, pero nos contamos nuestra propia historia al respecto. En eso consiste la maravillosa magia de la mente humana, en convertir cosas reales en símbolos e impresiones. Pero no deberíamos olvidar que el cuerpo responde emocionalmente a nuestro tipo de magia.

El sueño que tenemos cuando estamos despiertos puede dominarse, igual que podemos alterar el curso de nuestros sueños nocturnos. Antes de quedarnos dormidos, podemos recordarnos a nosotros mismos despertar en medio de una pesadilla recurrente. Podemos dejar pistas —pellizcarnos o desafiar a los personajes amenazantes en un sueño. Lo mismo sucede cuando estamos despiertos. Es sencillo recordarnos que estamos soñando a todas horas, incluso mientras realizamos las actividades de nuestro día a día. Las demás personas también están soñando, y su realidad se basa en lo que creen que es cierto. No tiene nada que ver con nosotros, a no ser que acordemos que sí.

Todo el mundo tiene el poder de guiar su realidad en una nueva dirección. Todo el mundo tiene la oportunidad de cambiar su mensaje. Creamos una idea de nosotros mismos escuchando las opiniones de las personas más cercanas a nosotros. Ellas nos dijeron su versión de lo que somos. No podemos cambiar el modo en que otras personas nos perciben, y no es importante intentarlo. Sin embargo, sí podemos hacernos cargo de nuestro propio sueño.

En cualquier momento, podemos modificar el reflejo para que refleje mejor la verdad. Podemos dejar de dar por hecho que sabemos más que nadie y empezar a hacer preguntas. Podemos dejar de insistir en que llevamos razón. No es síntoma de debilidad rendirse a la necesidad de saber. Podemos incluso cuestionar nuestro propio conocimiento. Podemos ignorar nuestro propio consejo y confiar más en la vida. Cambiamos la cara del "yo". Al adoptar el punto de vista de la energía, nos liberamos de nuestras pequeñas obsesiones. Al ver más allá de nuestras propias preocupaciones, apreciamos el paisaje infinito.

Cada uno de nosotros es pura energía, atrapada en el sueño de la materia. Damos por hecho que sabemos quiénes somos. Damos por hecho que podemos distinguir lo que es real. Creemos que todas nuestras suposiciones son ciertas —hasta que empezamos a dudar. Ese es el primer paso para responder a "¿Qué es real?". Nuestro sentido de la realidad comienza a cambiar cuando nos preguntamos qué creemos.

10

La vida bajo la tiranía

HAY SOLO UNA verdad: la energía. La energía es la fuerza que crea y mantiene el universo. Utilizamos diversas palabras para nombrarla: vida, verdad, propósito, amor. Todas apuntan a lo mismo. La energía es vida. La materia es una copia de la vida. Es una copia de la verdad. La mente es un reflejo de esa verdad —y, al igual que ese cuadro que mencionamos antes, ofrece muchas pistas sobre el artista.

Nuestra impresión de la realidad cambia constantemente. En ese sentido, no hay tierra firme bajo nuestros pies. La realidad no es lo que imaginamos que es en este momento. De hecho, la realidad no es lo que parecía ser hace un minuto. Será diferente dentro de un minuto, dentro de una hora —y no dejará de cambiar. Nos gustaría pensar que es algo fijo, sólido. Nos gustaría que nuestra impresión de la realidad fuese también la de los demás. Nos gusta sentirnos a salvo, sabiendo que el mundo es lo que creemos que es —pero las impresiones cambian, ¿verdad? Todo está cambiando, transformándose, aunque no nos demos cuenta.

El personaje protagonista también cambia constantemente. Todo empezó cuando éramos bebés, cuando aprendimos a hablar y a pensar. Pensar es el acto de hablar con nosotros mismos. Imitamos a otros personajes, diciendo lo que ellos decían y pensando lo que ellos pensaban, hasta que nos sentimos seguros para narrar nuestro propio sueño. El "yo" que imaginamos en un primer momento no era el "yo" que fue a la guardería, el que aprendió a interactuar con otros "yoes". El "yo" no es lo que era entonces, ni lo que era en la universidad, ni lo que era al casarse. El "yo" de ahora es un padre que apenas recuerda al "yo" que estaba soltero.

La persona que creemos que somos ha cambiado con los años, según hemos ido acumulando experiencias y procesando nueva información. Ha actuado con egoísmo y con generosidad. Ha sido temerario y ha sido responsable. Ha sido un cuidador irresponsable de su cuerpo y también uno entregado. Las características del "yo" cambian constantemente. A medida que cambia, también lo hace su impresión de la realidad.

Cada ser humano ve la realidad de manera un poco diferente —o muy diferente. La realidad cambia con nuestras circunstancias cambiantes. La realidad parece distinta según el lugar donde estemos sentados, de pie o caminando. Si damos un paso en cualquier dirección, nuestra visión del mundo cambia —al instante, vemos cosas que antes no resultaban aparentes. Si nos tumbamos o nos subimos a una escalera, hemos cambiado nuestro punto de vista de las cosas. Si vamos en bicicleta o en coche, las escenas pasan volando a diferentes velocidades. Lo que llamamos realidad es más bien un espectáculo de imágenes en movimiento.

Cambia el país, el idioma o la cultura y nuestro sentido de la realidad entra en shock. Nada huele igual o suena igual. Nadie habla como nosotros. Nuestras rutinas más insignificantes se alteran. La gente en todo el mundo encuentra maneras de alimentarse y cobijarse, pero sus maneras son diferentes. Educan a sus hijos y cuidan de sus familias, pero las reglas cambian con el escenario —el paisaje de la realidad evoluciona constantemente. Si esto nos parece bien, podemos empezar a despertar y a prestar atención.

Si experimentamos un acontecimiento traumático, se alteran nuestras percepciones habituales y el mundo ya no es el mismo —y quizá nunca vuelva a serlo. Un accidente de tráfico o la pérdida de un ser querido hacen que la existencia parezca amenazante e impredecible. En una crisis, la mente detiene su narrativa y no sabe cómo retomarla. El tiempo va más despacio, se acelera o se vuelve irrelevante. ¿Por qué la tragedia provoca este efecto en nosotros? La tragedia crea cambios que parecen demasiado grandes para que la mente pueda aceptarlos. Lucha por colocar al antiguo "yo" en el contexto de una nueva realidad. Para una mente que no haya aprendido a ser amiga y aliada del cuerpo, la lucha suele terminar en fracaso. Nos sentimos devastados y abandonados por la vida.

La mente es una aliada cuando se adapta a los cambios abruptos, con independencia de que esos cambios sean trágicos o gratificantes. Nuestra existencia incluye todos los acontecimientos y todas las posibilidades. Cada experiencia es una parte integral de estar vivo. Todas las emociones son aceptables. No necesitamos desempeñar un papel o actuar nuestros sentimientos para crear efecto dramático. No hace falta que sigamos la programación de la mente, respondiendo a los acontecimientos como nos enseñaron a responder. No tenemos que seguir viejas normas. En cualquier momento, en cualquier situación, podemos experimentar los acontecimientos desde la perspectiva de la vida misma.

Podríamos decir que la ley de la vida es crear y no dejar nunca de crear. La transformación es la característica principal de la vida. La vida no tiene un "yo".

No se siente víctima ni culpa a nadie. En la imagen infinita, no hay juez; la vida no juzga. Desde el punto de vista de la vida, no hay crímenes o castigos —solo transformaciones. La energía se transforma, pero nunca se detiene. Está en todas partes, es infinita y eterna. Eso lo sabemos, pero no sabemos que nosotros también somos energía. Nos vemos como si estuviéramos separados de esa energía, y por tanto separados de la verdad.

Vivimos en un mundo de reglas y no solemos ver más allá de ese mundo. Esas reglas se vuelven irrelevantes cuando dormimos, pero vuelven a su lugar en cuanto la mente se despierta —o casi. Hay un momento, justo antes de abrir los ojos, en el que no estamos seguros de dónde nos encontramos —o de quiénes somos. Ese momento pasa enseguida, porque hemos aprendido a "reconstruirnos" de manera automática. Lo hemos hecho tantas veces que no nos damos cuenta del proceso. Abrimos los ojos y recordamos: "Estoy en casa", o "sigo en un hotel… eh, en Denver, creo… No, es lunes, así que estoy en Dayton".

Una vez que tenemos claro dónde estamos, juntamos las piezas de "quiénes" somos —y son muchas,

muchas pequeñas piezas. De nuevo, el proceso es automático y apenas perceptible. Recordamos con quién nos fuimos a la cama y nos giramos para asegurarnos. Recordamos qué nos preocupaba la noche anterior cuando nos fuimos a la cama —y empezamos a preocuparnos de nuevo. Nos recordamos a nosotros mismos en qué realidad estamos viviendo y empezamos el sueño otra vez.

Si ralentizáramos el proceso, probablemente sería como leerle un cuento de hadas a un niño, y sonaríamos así: "Y entonces recordó que era Timmy, que se había quedado dormido bajo un sauce tras escaparse de su casa, que se hallaba a las afueras de un pueblo llamado…". Reconstruimos nuestra historia personal en una fracción de segundo, adoptamos las emociones apropiadas y entonces el "yo" ya está listo para enfrentarse al nuevo día.

Si nuestro sentido de la realidad no ha experimentado ninguna perturbación reciente, la mayoría de nosotros adopta un patrón familiar de pensamiento y de conducta. Claro, estos patrones han sido restringidos por las leyes —nuestras leyes. Como niños pequeños que esperan al abusón del colegio, nos despertamos casi todos los días con un vago sentimiento de culpa. Es probable que hayamos cometido algún error y esperamos que no nos pillen. Esperamos que no nos delaten como mentirosos o falsos. Esperamos que no nos juzguen o nos contradigan, y entonces salimos de casa armados con nuestras mejores historias.

Con todas nuestras defensas, aun así no evitaremos el conflicto. Sin duda chocaremos con otras opiniones y ofenderemos otros sentimientos. Hasta el mejor de nosotros se pone a la defensiva o incluso se vuelve agresivo de vez en cuando. Se puede provocar hasta a la persona más serena. Incluso el presidente más honrado actúa con imprudencia en ocasiones. A veces gobernamos nuestro mundo de mala manera, decepcionándonos a nosotros mismos y a las personas que nos importan. A veces es posible que, sin darnos cuenta, empecemos una guerra.

Mientras la guerra continúe en nuestra cabeza, nuestras relaciones con los demás estarán en peligro. Cuando no logramos llevarnos bien con nosotros mismos, nuestros esfuerzos por llevarnos bien con otras personas se verán frustrados. Nuestras tiranías internas y privadas se convierten en tiranías públicas, y al poco tiempo los miembros de la familia están discutiendo, los amigos se pelean y las comunidades entran en conflicto. Todo el mundo quiere llevar razón. Todo el mundo grita y nadie escucha.

Escuchar es esencial. Hemos de escucharnos primero a nosotros mismos. Es importante aprender el lenguaje particular de nuestra mente. Incluso en silencio, emplea palabras para acusar y para desmoralizar al cuerpo, palabras que aprendió hace mucho tiempo. "¡Qué idiota!", nos decimos a nosotros mismos. "Qué tonto soy", "Soy horrible", "Soy un bicho raro". ¿Escuchamos estas cosas? La falta de respeto es evidente y se verá reflejada en la manera en que otras personas se dirigen a nosotros.

Si escuchamos, podemos cambiar la manera de comunicarnos con nosotros mismos. Podemos basar esa relación en el respeto. ¿Dónde está la compasión que nos sentimos inclinados a ofrecerle a un amigo, a un hijo, a una mascota? Está ahí, por supuesto, pero nunca aprendimos a tratar a nuestros cuerpos tan bien como a nuestro perro o a nuestro gato. Podemos elegir decirnos cosas como:

"Venga, eres asombroso, pero ahora mismo estás un poco cansado". Podemos continuar una mala palabra con una disculpa, decirle al cuerpo que sentimos haberlo insultado. Podemos reírnos de nosotros mismos con cariño.

No es tan difícil aprender el lenguaje del respeto. Podemos ser pacientes con nuestras meteduras de pata. "¡Tío, cuánto te quiero!", podemos decir en voz alta. "¡Qué gracioso! ¡Me parto contigo!" es una respuesta justa para un error sin importancia. Si somos justos con nosotros mismos, juzgaremos el mundo con justicia. Si logramos que nuestro diálogo interno sea sincero, construiremos confianza entre la mente y el cuerpo —la relación más importante que existe.

Como ya te has dado cuenta, nos gobernamos a nosotros mismos de maneras que ni percibimos. El cuerpo, en cambio, sí lo percibe, y responde a nuestras tiranías como respondería a una amenaza física. Responde a los pensamientos tóxicos como respondería a un virus. Lucha contra la invasión y con frecuencia pierde, aunque no nos demos cuenta. El juicio hacia uno mismo es un ataque, igual que el auto desprecio. Es un ataque para el cuerpo compadecernos de nosotros mismos, preocuparnos, obsesionarnos.

Lo más asombroso del cuerpo es que se recupera de casi todos los maltratos por sí solo. Los cortes se curan; los huesos rotos se sueldan. Las enfermedades se atacan y se derrotan. Cuando nuestro planeta cambia de temperatura, realiza ajustes químicos y se estabiliza. Nuestro cuerpo hace lo mismo. Sin embargo, si los ataques al cuerpo son constantes y se pasan por alto, el daño podría ser irreversible.

Nuestra actitud hacia nosotros mismos nos afecta físicamente, así que hemos de desempeñar un papel diferente. Cada uno de nosotros ha de ser el pacificador, no el tirano. Queremos ser protectores conscientes de la libertad del cuerpo que ocupamos. Ahora somos adultos, cuyos padres y hermanos ya no deberían guiar nuestras vidas. Muchos de nosotros somos padres ahora, e incluso abuelos. Estamos a cargo de nuestras acciones y de nuestras reacciones. Somos líderes capaces por derecho propio.

Entonces, ¿por qué insistimos en librar batallas internas? ¿Por qué construimos cárceles para nosotros mismos y obligamos a nuestro cuerpo a vivir en ellas? ¿Por qué insistimos en que otra gente sufra con nosotros? Cuando nos sentimos maltratados, contraatacamos. Cuando nuestras nociones de la realidad son rígidas, nos sentimos atrapados. Claro, nos apetece huir. Como es natural, queremos saber cómo es la auténtica libertad. ¿Qué nos lo impide entonces?

11

Salir de la cárcel

TODOS RECORDAMOS LO que era ser adolescente, hartos de las injusticias de la infancia. Queríamos apartarnos de nuestros padres. Queríamos escapar de la cárcel del hogar y la familia. Algunos de los que estéis leyendo esto quizá seáis adolescentes aún, pero incluso en la edad adulta, casi todo el mundo tiene el impulso de liberarse de algo. Incluso en la tercera edad, queremos hacer uso de nuestra independencia. Este impulso por ser libre es natural, pero ¿quién nos lo impide realmente?

Por muy injustas que puedan parecer las circunstancias externas, los sentimientos de opresión empiezan con nosotros. Albergamos algunas ideas desagradables sobre nosotros. Nos aferramos a miedos irracionales y creamos supersticiones aleatorias. Nos decimos a nosotros mismos que no podemos, que no deberíamos. Exigimos alguna penitencia por pasarlo demasiado bien. Nos castigamos a nosotros mismos por romper las reglas no escritas. Incluso nos obligamos a pagar castigos por amar.

La opresión existe. Hay prisioneros reales en el mundo y cárceles de verdad, pero la mayoría de la gente está oprimida por sus propias historias y sus propios miedos. Se desesperan por creencias que se niegan a abandonar. Les atormentan voces que solo ellos pueden oír. Nadie salvo tú puede saber qué es lo que te exiges a ti mismo. Nadie salvo tú piensa en maneras de castigarte. Así que escúchate. Oye cómo le dices a la gente que tú no haces eso o comes aquello, que no eres esa clase de persona. Escucha tus pensamientos y oye cómo te intimidas a ti mismo. Puede que a veces hables como tu padre, o como tu madre, o como tu profesor de matemáticas del instituto. En general, hablas como ese personaje que inventaste para mantenerte a raya. Hablas como el "yo".

El fuerte deseo de libertad suele comenzar en la adolescencia. Todos los chicos, en un momento u otro, empiezan a sentirse oprimidos y un poco perseguidos. Los padres tratan de formar y proteger a sus hijos, pero los chicos llegan a un punto en que los desprecian por ello. Se rebelan, aunque eso suponga hacerse daño a sí mismos en el proceso. Entra en juego la sociedad, pero los jóvenes pierden la paciencia con las reglas. Los gobiernos y las instituciones religiosas pretenden guiarlos en una dirección u otra. Liberarse de todo eso suena tentador, pero la mayoría de las personas quiere que le den la libertad. Eso no ocurrirá. La libertad que realmente importa es aquella que nos damos a nosotros mismos.

La tiranía empieza con nosotros y con el pequeño gobierno de nuestra cabeza. ¿Quién hace las reglas? ¿Quién obliga a cumplirlas? ¿Quién puede reescribir esas reglas? El presidente —el poder ejecutivo consciente que aspiramos a ser. Podemos derogar nuestras propias leyes y reformar nuestro sistema personal de justicia. Podemos salir de la cárcel cuando queramos.

Como seguramente ya te hayas dado cuenta, el "yo" puede tomar mejores decisiones. El "yo" puede ser un administrador mejor, o puede echarse a un lado y convertirse en un amigo. Si el deseo está ahí, el "yo" puede ser un diplomático y un pacificador. Puede ser el salvador que estabas buscando.

12

El diplomático

COMO YA DESCRIBIMOS antes, la humanidad se organiza primero en familias, después en comunidades y ciudades, luego en estados y, finalmente, en países y reinos. Cada país tiene fronteras para mantener alejados a los intrusos. En todo el mundo, se hablan cientos de idiomas, lo que dificulta la comunicación. Pero los países necesitan comunicarse unos con otros. La gente necesita reunirse y compartir ideas. Necesita escuchar, sin juzgar. Cada país necesita diplomáticos que vayan y conecten con otros países. Cada nación necesita personas que sean buenas comunicadoras y negociadoras. A cualquier cuerpo humano le vendría bien un aliado.

¿Qué clase de mente es un aliado para el cuerpo humano? Una mente que se escuche a sí misma y rechace historias de odio. "¡Me odio!" es un ejemplo de comunicación no efectiva. ¿Quién odia qué? ¿Odias tu cuerpo o tus circunstancias? ¿Estás insatisfecho con el efecto que pareces tener en los demás? "¡Te odio!" suele significar que alguien en tu vida no te obedece. No podemos controlar a las personas, y no deberíamos querer hacerlo. Es posible que los demás también sean sus propios tiranos, se controlen a sí mismos y manejen a la gente que les rodea, igual que tú.

Un aliado no cotillea ni juzga —la clase de cosas que son tóxicas para el cuerpo. Muchos de nuestros pensamientos son degradantes hacia nosotros mismos, y muchos de nuestros comentarios nos hacen temer y desconfiar de otra gente. "Carla es una esnob", o "Jimmy es un imbécil", puede que sonaran bien en el instituto, pero ¿a dónde nos conduce eso ahora? Nos conduce al hábito de quejarnos, para empezar. ¿Cómo puede ser feliz y seguro de sí mismo el cuerpo en un entorno de prejuicios y repulsión? Los juicios nos vuelven ciegos a la verdad de las personas y ahuyentan a nuestros amigos. ¿Quién puede confiar en alguien que juzga todo con tanta dureza? ¿Cómo podemos confiar incluso en nosotros mismos?

La mayoría de nosotros no empezó la vida de esta forma. Nacimos en familias que nos hablaban con amabilidad. Cuando al fin comenzamos a hablar, hablábamos como ellos. Pronto descubrimos que las palabras nos aportaban lo que necesitábamos. Al crecer con muchas personas bajo el mismo techo, aprendimos a usar las palabras con eficiencia para dejar claros nuestros deseos. Para mantener la paz, teníamos que escuchar otros puntos de vista. En el colegio, nuestra capacidad para usar palabras nos hacía sacar buenas notas y hacer nuevos amigos. La universidad y el mundo adulto nos ayudaron a refinar esas habilidades, y aprendimos a negociar, a encandilar, a construir confianza, y más. Aprendimos el arte de la diplomacia.

Con un poco de diplomacia, descubrimos que podíamos encajar en casi cualquier círculo social. Aprender a ser diplomáticos nos facilitó conseguir un empleo o mantener posiciones de influencia. Descubrimos que el tacto y la sensibilidad podían acercar posturas entre personas y resolver conflictos. El respeto por los demás —y por las demás realidades— podía salvarnos.

En algún punto, todos tuvimos que aprender el lenguaje de nuestra profesión. Cada negocio tiene sus términos y códigos, y cada lugar de trabajo tiene su propio gobierno. Cada generación utiliza sus propios modismos y cada región tiene su propio dialecto. La gente en todo el mundo habla el lenguaje de sus semejantes, de su vocación, de sus conciudadanos, de su cultura.

Todos formamos parte de una especie que necesita comunicarse con palabras para sobrevivir. La buena comunicación está dispuesta a reconocer los intereses comunes y a hacer alianzas. Las personas son mejores cuando sienten que pueden confiar las unas en las otras, que se escuchan, llegan a acuerdos y cumplen esos acuerdos. Si nos negamos a hablar,

¿cómo vamos a evitar las hostilidades? Si no tenemos respeto por otras culturas, ¿cómo vamos a ser buenos seres humanos?

Cooperar va en nuestra naturaleza, y la historia nos indica que la coexistencia pacífica es lo más beneficioso para nuestra especie. Y aun así a veces los gobernantes inventan conflictos. Los líderes quieren más poder. Las naciones invaden a otras naciones. Vemos cómo funciona el mundo de la política, pero ¿qué hay del mundo que hay en nuestro interior? ¿Cómo podemos mejorar las cosas en nuestro propio sueño?

Nuestro cuerpo desea la compañía de otros cuerpos, pero nuestra mente —nuestro gobierno interno— con frecuencia tiene otros planes. Para evitar conflictos permanentes dentro de nosotros, tenemos que emplear nuestra habilidad diplomática con un propósito diferente. La mente ha de establecer un tratado con el cuerpo físico que ocupa. Tiene que llegar a acuerdos y cumplir dichos acuerdos. La mente y el cuerpo tienen que sentarse y hablar.

"Te prometo que no te haré daño" es algo que suena raro al principio, pero es un mensaje importante que transmitir al cuerpo. "He puesto mi arrogancia por encima de tus necesidades, pero deseo hacerlo mejor. Quiero ser un amigo, no un tirano". Di algo así unas pocas veces y empezarás a darte cuenta de tus abusos y de tus negligencias. Escucharás tus pensamientos. Serás un poco más sincero contigo mismo. Conectarás con algo que has dado por hecho durante casi toda tu vida —tu cuerpo humano. Centra tu atención en esa relación. Habla en voz alta más a menudo, para poder reconocer palabras y actitudes repetitivas. Con paciencia, empezarás a modificar la voz de tu cabeza.

El cuerpo también puede contribuir a enmendar esa relación. Ha de aprender a esperar antes de responder emocionalmente a todo lo que dices. Dale permiso para ignorar tu cháchara. Dale un descanso del "yo". Pronto se adaptará a un estilo de liderazgo controlado y oportuno. El cuerpo humano fue diseñado para comunicarse de manera efectiva con la vida, incluso cuando los acontecimientos cambian. A medida que ganas consciencia, puedes permitir ese tipo de comunicación. No tienes que interferir. Como resultado, tu cuerpo se sentirá menos intimidado por el control —y, con un poco de práctica, será el compañero igualitario que debería ser.

Cuando la relación entre el "yo" y el cuerpo funciona bien, todas nuestras relaciones mejoran. Nos volvemos más generosos sin intentarlo. No tenemos que desempeñar papeles. No tenemos que cambiar de forma para complacer a otras personas. No necesitamos mentiras ni coartadas. La autenticidad nos permitirá superar cualquier momento.

Somos vida, creamos nuevos sueños y gran belleza allá donde vamos. También somos los emisarios de la vida, resolvemos diferencias y conectamos a personas. Los mejores líderes son comunicadores directos. Dicen lo que quieren decir y quieren decir lo que dicen. Todos tenemos la capacidad de ser claros y sinceros con nosotros mismos. No es necesario acumular más supersticiones, y podemos eliminar las que ya tenemos. La consciencia y la autenticidad son el resultado natural de poseer una mente que se comunica de manera respetuosa con el cuerpo, para que el cuerpo pueda conectar mejor con la vida.

¿Y cómo se lleva uno bien con otros cuerpos y otras mentes? Como todas las relaciones exteriores, ayuda aprender un lenguaje que entiendan sus respectivos gobiernos. Al escuchar a los otros, nos hacemos una idea de cómo funcionan sus realidades y quién está al mando. Nos permite hablar directamente con ellos en vez de con las personas que preferiríamos que fueran. Cuando éramos pequeños, el mensaje tácito que recibíamos de nuestros cuidadores era: "Sé como yo". ¿Ese es también el mensaje que transmites a la gente que te rodea? Puedes ser un mejor diplomático en el mundo, pero has de empezar deshaciéndote de los hábitos que te volvieron desconfiado y poco fiel a ti mismo. Tu mente gestiona todas las comunicaciones. ¿Cómo está representando la verdad ahora mismo?

El idioma que la mente habla con el cuerpo es el idioma que hablamos con aquellos a quienes conocemos. Tus palabras pueden ser magníficas embajadoras, representantes de la verdad y del propósito, comenzando por las palabras que piensas. Tú les das esa autoridad; nadie más. No tienen significado ni autoridad por sí solas. Tú decides si las palabras —incluso la palabra "yo"— sirven a tu cuerpo o lo denigran. Tú eliges las frases y las ideas que conforman tu realidad personal. En cualquier momento, puedes decidir si sirven a la vida.

El lenguaje está guiado por nuestro propósito —el poder de nuestra voluntad. El lenguaje puede crear una obra maestra a partir del sueño más modesto. Las ideas crean un paraíso para nosotros, o nos mantienen en el infierno. ¿Cómo te comunicas contigo mismo? ¿Tienes por costumbre transmitir mensajes de rabia y miedo? ¿Inventas excusas para estar a la defensiva? ¿Qué siente tu cuerpo al respecto? Cuando se transmiten mensajes tóxicos en voz alta con cierta frecuencia, al final acabamos buscando esos resultados emocionales —furia, decepción, alarma. Repitiendo mensajes de apreciación hacia nosotros y hacia los demás, desarrollamos un apetito por el respeto.

El respeto es la solución a los problemas de la humanidad, desde las revueltas globales hasta las riñas del recreo, pasando por el delicado equilibrio de poder que existe en nuestra mente. El respeto abre la puerta a la cooperación y a la comprensión en cualquier cultura. El respeto significa que honramos el derecho de todos a existir. El respeto es la mejor parte del amor.

Cada uno de nosotros crea el tipo de realidad que cree merecer, pero nuestro cuerpo humano merece mucho más de lo que le damos. Merece, sobre todo, la felicidad que surge de una mente tranquila y cuerda.

13

Tranquilidad y cordura

Un gobierno se balancea al ritmo de sus ciudadanos. La humanidad como un todo se guía por el equilibrio y la compostura de todos sus miembros. Cada persona es una parte esencial del cuerpo de la humanidad, de modo que tu evolución personal también cuenta. Importa. La manera en que las personas se gobiernan a sí mismas se proyecta hacia fuera. Nuestra manera de gobernarnos se refleja en la manera en que nos gobiernan. Así es como funciona el sueño humano, y cambia con la voluntad de cada ser humano, con tiempo y práctica.

Nuestro sueño personal puede cambiar cuando nosotros lo digamos. Claro, hace falta un poco de esfuerzo, pero no tanto como el que hizo falta para convertirnos en nuestros propios tiranos. El "yo" comenzó cuando aprendimos a hablar y ha acaparado nuestra atención desde entonces. La mayoría de nosotros no puede imaginarse sin un personaje protagonista. Nos parece difícil imaginar un momento o dos sin nuestra propia voz parloteando en nuestra cabeza. Casi todos pensamos que nunca seremos libres de nuestro pensamiento incansable, lo cual es un problema; pero resolver problemas es el talento especial de la mente. Prestando un poco de atención a nuestra narrativa interna en nuestro día a día, podemos lograr grandes cambios. Los pensamientos responderán. Las palabras obedecerán. Al dirigir nuestros esfuerzos hacia la tranquilidad mental y la serenidad, podemos alzarnos por encima del ruido.

Todos sabemos que no basta con que los demás quieran que cambiemos. Nosotros también tenemos que quererlo. El deseo es una fuerza motivadora, una manera de dirigir la energía de forma consciente. Con frecuencia pensamos que tenemos que esperar a que el deseo acuda a nosotros; pensamos que tenemos que estar de humor antes de actuar. Si siempre esperásemos a estar de un humor concreto, no cambiaría nada.

La acción es vital para nuestra propia evolución, como lo es para la vida. Necesitamos seguir creciendo, cambiando y desafiando nuestras creencias. Si la realidad fuese un coche, el deseo sería el acelerador. Si lo pisas, el coche se mueve. Si lo pisas con más fuerza, el coche corre más. El deseo genera y dirige la energía; podemos jugar con él. Si no sentimos el deseo, podemos convocarlo. Con independencia de lo que digan las enseñanzas espirituales sobre el deseo, este alimenta nuestras acciones —para bien o para mal. El deseo nos mueve en una de esas dos direcciones, y es importante entender la diferencia.

Lo ideal sería que el deseo nos moviese hacia la pasión, el poder del amor. Amar aquello que hacemos nos conduce a la inspiración. Los acontecimientos no siempre se ajustarán a nuestros deseos, pero, si los obstáculos nos entorpecen, podemos cambiar de rumbo. Podemos redirigir nuestras energías sin resentimiento o frustración. No sirve de nada ir en contra de los deseos de otras personas o criticar otras realidades. Podemos seguir avanzando de otras maneras, y las nuevas direcciones nos traerán oportunidades inesperadas.

El deseo guía nuestra pasión e inspiración; la inspiración conduce a la creatividad. El deseo también puede conducirnos hacia un acantilado —puede conducirnos hacia la obsesión. Poner toda la atención en un único objeto de deseo nos convierte en fanáticos, lo que significa que deseamos tanto algo que no podemos imaginar otra cosa. Esto va mucho más allá de una pasión por el futbol o el amor por el rock. ¿Quién no se ha dejado cautivar por una idea, una filosofía o una persona? Con el tiempo, lo demás no importa. Podríamos estar enganchados a las drogas o al alcohol, ignorando innumerables advertencias y ofrecimientos de ayuda. Sin embargo, nos hemos obsesionado, nos arriesgamos a perder el contacto con aquellos que nos quieren —y nuestro propio poder se desperdicia y malgasta.

¿Cómo saber si nuestros deseos son inspirados u obsesivos? La inspiración nos lleva a crear nuevas cosas y nuevas realidades; la obsesión nos lleva a demasiados tipos de destrucción. Cuando estamos obsesionados, no podemos ver con claridad y no reaccionamos con libertad. Podríamos matar de hambre una bonita relación o echar a perder una carrera prometedora. Ponemos en peligro nuestra salud física y nuestra cordura. Al poco tiempo, la obsesión destrozará nuestro mundo y a muchos de los que viven en él.

Es fácil volverse un fanático sin darse cuenta. Podemos confundirlo con un entusiasmo saludable, hasta que miramos a nuestro alrededor y nos damos cuenta de lo mucho que hemos perdido mientras teníamos la atención en otra parte. Nuestros deseos pueden llevarnos a un terreno peligroso, pero el deseo también puede devolvernos a la tranquilidad y a la cordura. El deseo impulsa a los seres humanos hacia la grandeza y la creatividad. La pasión inspira ideas e innovaciones; aviva la llama del romance y sella uniones para toda la vida.

Estamos hablando de recuperar la cordura. ¿Significa eso que estamos locos? Bueno, claro. Todos sabemos lo irracionales que podemos ser a veces, así que seamos sinceros. Analicemos algunas de las cosas que hacemos. Creemos casi todo lo que oímos y pensamos. Apenas distinguimos entre lo que es real y no lo es. Caminamos por un mundo de criaturas vivas y gente de verdad, pero respondemos principalmente a una persona virtual. Permitimos que los pensamientos guíen los sentimientos. Juzgamos, pero no estamos dispuestos a ser juzgados. Nos tomamos todo como algo personal, como si solo existiera el "yo". Construimos jerarquías de importancia —colocando a unos humanos en la cumbre y a otros en la base. Queremos amor, pero utilizamos el amor como arma contra nosotros mismos. Si hasta estamos dispuestos a mostrar desprecio por el cuerpo que hizo posible nuestros sueños, entonces debemos de estar locos.

Cuando nos despertamos y vemos las cosas tal y como son, es como estar sobrio en una fiesta llena de borrachos. Imagina que estás en un evento festivo, donde todos los invitados llevan tiempo bebiendo. Sus acciones no tienen sentido. Sus palabras son imprudentes. Empiezan los cotilleos y el veneno se extiende con rapidez. Podríamos decir que toda la humanidad está en esta fiesta, donde los rumores corren como la pólvora, los sentimientos se hieren y las reacciones se vuelven violentas. El espectáculo resulta extraño si tú no estás bebiendo.

Si no estamos borrachos, tenemos la ventaja de ver lo que sucede a nuestro alrededor. Vemos que todos están intoxicados y creen que los demás invitados no se dan cuenta. En una fiesta de verdad, el nivel de caos depende de cuánto alcohol haya consumido la gente. En esta fiesta metafórica, el grado de locura depende de cuánta información falsa acepte y absorba la gente. Depende de lo supersticiosa que sea y de cuánto se mienta a sí misma.

Las supersticiones son creencias que tienen autoridad sobre nuestro pensamiento. Nosotros les damos esa autoridad, claro. Si depositamos fe en una idea, esta determinará nuestra manera de pensar y comportarnos. No se trata solo de creer en los cuentos de viejas. Las supersticiones de la mayoría de la gente son mucho más sutiles que todo eso. Creer que las palabras tienen poder sobre ti es una superstición —las palabras no tienen más poder que el que tú les das. Es supersticioso creer en todas las pequeñas mentiras que te dices a ti mismo. Es supersticioso creer que la vida te recompensa por buen comportamiento y te castiga por romper las reglas, como hacían tus padres. Es supersticioso pensar que la verdad puede perderse o destruirse. Es supersticioso imaginar que la verdad está fuera de ti, inalcanzable y misteriosa.

Casi toda la humanidad avanza bajo la influencia de una superstición u otra. Puede que aún creamos lo que nuestros padres han estado diciéndonos desde la infancia. Creemos lo que creían nuestros ancestros. Creemos lo que creen los demás. Pero, sobre todo, nos creemos a nosotros mismos.

Los seres humanos son pensadores, filósofos, y utilizan el lenguaje para comunicar ideas. Usan sonidos y símbolos para informarse y para informar a otros. Todos somos científicos en busca de la verdad. Claro, normalmente nos conformamos con una suposición basada en la información que tenemos disponible. Damos poder a nuestras suposiciones y permitimos que el miedo nos controle e incluso nos intoxique.

Durante nuestro tiempo en la tierra, hemos mirado a las estrellas para predecir el futuro. Hasta hace poco, los humanos estaban casi indefensos por la noche, dependiendo de la luz de la luna. Sin ella, no podíamos cazar, o viajar, o pelear. Un eclipse podría señalar el fin del mundo. Cualquier perturbación en la naturaleza podría significar un castigo de los cielos. En nuestro miedo, concluimos que los dioses se reían de nosotros o que los demonios controlaban la tierra y el cielo. Los terremotos eran señal de la ira de un dios; las inundaciones eran señal de la indiferencia de otro dios. Poner fin a una sequía requería un sacrificio; la lluvia requería un festín. El miedo trabaja como un virus en el sueño humano. Contraemos el miedo de los otros y lo convertimos en propio. Damos poder a las ideas. Contraemos virus culturales y los propagamos.

Cuando estamos sobrios y cuerdos, el efecto de la superstición en la humanidad es evidente. Vemos que una persona hace una sugerencia y otras personas reaccionan como si fuera verdad. Vemos lo contagiosas que pueden ser las ideas. Un buen comunicador puede mover a una multitud. Una persona, movida por la rabia y el miedo, inspirará a miles de personas para hacer lo mismo. Uno grita, "¡Fuego!", y cien más entran en pánico. Las supersticiones corrompen la imaginación humana. Sin superstición, la imaginación puede dar pie a grandes visiones. La imaginación motiva la evolución, pero ha de estar protegida de la influencia del miedo.

No es tan difícil despertarse y estar cuerdo. La locura puede terminarse con nosotros; uno a uno. Todos nosotros podemos recuperar la sobriedad y observar la fiesta. Veremos que mucha gente prefiere permanecer borracha. Veremos cuánto veneno están dispuestos a tolerar y nos preguntaremos: "¿Es así como quiero vivir mi vida? ¿Tanto miedo tengo de estar plenamente consciente?". Veremos lo borrachos que hemos llegado a estar y diremos "no" a los miedos y supersticiones comunes. Podremos poner fin a nuestra adicción al drama y a la preocupación.

Despierta, abre los ojos y contempla la vida que tienes delante, y en todas partes. Usa tu atención, el poder más impresionante del cerebro, para ver la verdad en la gente. Mira más allá de los borrachos, con todas sus opiniones y sus fobias —incluso aunque uno de esos borrachos seas tú. Quizá tú seas la reina del drama, el crítico o el cínico. Mira más allá de tus propias historias, tus pensamientos y suposiciones. En vez de sedarte para no oír el ruido, escucha. Presta atención. Observa. Di "no" a los pensamientos que te vuelven loco. Di "no" a una narrativa descontrolada. El narrador es alguien a quien tú inventaste, acostumbrado a decir siempre las mismas cosas, de la misma manera. Di "no" a la voz de tu cabeza.

Ve el miedo como lo que realmente es: la respuesta del cuerpo al "yo". Casi todos nosotros nos pasamos la vida huyendo de nuestra propia voz. Huimos de nuestros pensamientos porque nos los creemos. Nos asustan, nos difaman, y aun así los creemos. Usa tus sentidos y evita pensar. Juega con la vida, como solías hacer antes de que hubiera un gobierno en tu interior; antes de que hubiera leyes, castigos y un presidente al que rendir cuentas. Cálmate y ábrete emocionalmente. Deja que la vida juegue contigo.

Entonces tal vez estés preparado para aceptar la verdad sobre el amor.

PREGÚNTATE, "¿QUÉ ES EL AMOR?"

14

La tercera perla

*¿Qué es el amor? Sabrás lo que es amor cuando
te des cuenta de lo que no es amor.*

NO PODRÁS ENTENDERTE plenamente hasta que
no seas capaz de identificarte como vida —como
la fuerza eterna de la energía. ¿En qué te ayuda esa
consciencia? Pone en perspectiva todos tus esfuerzos. Convierte al conocimiento en tu sirviente, no
en tu dueño. Haz que tu realidad virtual sea una

divertida obra de arte, no una cárcel. Cambia la voz del "yo", haciendo que sea posible trascender al personaje protagonista.

No hace falta derrotar o reemplazar al "yo". A través de ti, puede evolucionar. La evolución del "yo" es una elección. Tú decides cómo te sientes contigo mismo de un momento a otro. Al cambiar tu atención solo un poco, te has hecho una idea de lo que no eres. Te has preguntado, "¿Qué es real?", y has empezado el proceso de dudar de lo que crees que sabes. Este proceso continúa, se hace más profundo y te conducirá a grandes descubrimientos, pero la verdad es sencilla. La verdad es vida; no es un sistema de creencias. La verdad es infinita y eterna, pero tu cuerpo y tu sueño no lo son. La verdad es energía, poder. La verdad es tu realidad.

También podemos decir que la verdad es amor.

Lo que la mayoría de nosotros llama amor es lo contrario al amor. Nuestros problemas existen porque nos enseñan a amar con condiciones. No se trata solo de nuestro problema personal; es un problema de la humanidad. Sin importar la cultura, nos enseñan un amor corrupto. Nos enseñan a desconfiar de lo único real: la fuerza infinita de la vida.

Las reglas y las condiciones han definido nuestra manera de amar. Como hemos visto, la gente construyó sus propios gobiernos con leyes y castigos. Nos tomamos nuestras leyes muy en serio y somos estrictos con su ejecución. Nada de eso es correcto o incorrecto; es un hecho. La domesticación moldeó nuestra conducta. Éramos juzgados y reprendidos de niños y, de adultos, aprendimos a juzgar y a reprendernos a nosotros mismos. Nos castigamos y nos perdonamos, pero ¿cuál es exactamente nuestro delito?

Los mayores delitos son aquellos que cometemos contra nuestro propio cuerpo. Si eres el tipo de tirano que insulta a su cuerpo, es probable que también faltes el respeto a otros cuerpos. Si estás más inclinado a herirte físicamente, es probable que no te importe herir a otros. En cualquier caso, tu cuerpo pagará el precio.

Hacer daño a los demás es algo que, de un modo u otro, se vuelve en nuestra contra. Juzgar o abusar de la gente nos conducirá a castigos que ni siquiera nosotros podemos regular. Nos tratarán del mismo modo en que tratamos a otros seres humanos. Si la sociedad nos juzga y nos declara culpables, seremos castigados. Y, de nuevo, el cuerpo sufre. Sean cuales sean nuestros abusos, el cuerpo humano paga.

Cuando nos reprendemos, el cuerpo pagó un precio emocional. Y claro que nos reprendemos a nosotros mismos. Casi todos, en un momento u otro, hemos visto a personas caminando por la acera mientras murmuraban para sus adentros. Hemos visto a personas tan consumidas por la rabia que gritan a nadie en particular. ¿Somos nosotros muy diferentes?

Con frecuencia nos gritamos a nosotros mismos, pero en silencio. Vamos por la calle quejándonos para nuestros adentros, reproduciendo viajes conversaciones e inventando otras nuevas. Nuestros labios se mueven y en nuestro rostro se nota la tensión. Podríamos estar al teléfono, pero ¿no estamos utilizando a otra persona como excusa para despotricar? Cuando la voz de nuestra cabeza se vuelve insoportable para nosotros, grita para que el mundo la oiga. El tema es que nadie quiere oírla en realidad, nadie quiere ver las batallas que libramos en nuestro interior.

Llevar un teléfono pegado a la oreja puede hacer que parezcamos menos locos, y puede que ayude a que nos sintamos menos solos, pero no necesitamos el teléfono o a un amigo. Si a veces nos sentimos tristes, es probable que sea porque creemos algo que no es cierto. Oímos nuestra propia voz que nos reprende. Al hacerlo, volvemos a ser niños, asustados y desconcertados. Somos de nuevo adolescentes, convencidos de que seremos castigados. Somos conductores borrachos a punto de recibir una multa. La voz es nuestra, suene como suene, y podemos detenerla.

La voz del "yo" lleva tanto tiempo dirigiendo el espectáculo que ya apenas nos damos cuenta. Cuando por fin nos damos cuenta, podemos salvarnos. Podemos recuperar algo de cordura. En cualquier momento podemos poner fin a la conversación que estamos manteniendo con nosotros mismos. Igual que hacemos cuando estamos al teléfono, podemos decir que hemos de colgar. "Tengo que irme, cielo. Te quiero. Adiós". Podemos hacer esto en cualquier momento —mientras conducimos, en la calle, o incluso mientras intentamos dormir por la noche.

"Ciao. Tengo que irme", y nos colgamos a nosotros mismos.

Nada mejora si continuamos con la conversación. El apetito por el veneno conducirá a más veneno. Ningún problema se soluciona nunca regañándonos o culpando a otros. Hemos de poner fin a nuestros propios abusos. Las conversaciones que mantenemos con nosotros mismos no son reales, pero crean emociones reales en nosotros y una confusión real en nuestras vidas.

Las emociones no son el problema. Lo son nuestros pensamientos. Las emociones nos dicen la verdad de lo que sucede en nuestro interior. Cuando sentimos rabia, nuestro pulso se acelera, nuestra respiración se vuelve errática y nuestros músculos se tensan. Nuestros pensamientos desencadenan sentimientos desagradables y nuestros cuerpos pagan el precio. ¿Y si prestásemos atención a esas señales y aprendiéramos de ellas? Podemos entender las emociones como pistas sobre lo que nos decimos a nosotros mismos. Nos avisan cuando estamos siendo duros con nosotros mismos y debemos mejorar el mensaje. Nos avisan cuando vamos en una dirección mental peligrosa. Normalmente nos avisarán cuando estemos en la fiesta equivocada.

Las emociones nos recuerdan que no nos estamos queriendo a nosotros mismos y nos hacen saber cuándo nos hemos alejado demasiado de la verdad. Puede que la verdad no sea algo que pueda expresarse con palabras, pero, si estamos lo suficientemente sobrios para prestar atención, podemos sentir reverberación. Podemos sentir que es amor. Si eliminas nuestras palabras, nuestras preocupaciones y nuestros pensamientos obsesivos, el amor es lo único que queda.

¿Qué es el amor? El amor es la energía de la vida, que crea más vida de formas infinitas. A casi todos nos enseñaron a pensar en el amor como un tipo de emoción —una entre muchas otras. Pensamos que tiene un principio y un final, como suelen tener las emociones. La emoción es la energía que crean nuestros cuerpos y el amor es la suma de todas las emociones. El amor es energía y, por tanto, no tiene principio ni final. La energía no tiene planes. Tampoco el amor. No tiene límites ni condiciones. Como cualquier energía, el amor puede transformarse, pero jamás destruirse.

El amor incondicional puede parecer intimidante al principio. Quizá quieras huir de él. Quizá dudes de su sinceridad. Quizá te preguntes cómo es que a los niños les sucede con tanta facilidad, pero a ti no. Quizá quieras culpar al amor de tu dolor y del rechazo que sientes hacia ti mismo, pero el amor nunca es el culpable. Lo que hace que las cosas sean dolorosas y complicadas son los términos y condiciones que ponemos al amor. Nadie desea oír: "Te quiero si…".

"Te quiero si puedes ser como yo y pensar como yo". "Te quiero si sientes mi dolor". Estas palabras parecen divertidas, pero para muchas personas ese es el mensaje romántico subyacente. La palabra "si" niega la verdad del amor. "Si me quisieras, sufrirías como estoy sufriendo yo", es lo que con demasiada frecuencia pretendemos decirle a la persona amada. "Si de verdad te importara, harías sacrificios por mí", es algo que está implícito de muchas formas. "Si de verdad me quisieras, lo demostrarías, se lo dirías a tus amigos, me antepondrías a todo…". Quizá esas palabras nunca se digan en voz alta, pero tienden a esconderse en otras palabras. Son el eco de la voz del personaje protagonista.

El amor no requiere sacrificios. Somos generosos en el amor porque deseamos serlo y no necesitamos nada a cambio. Es excitante estar vivo. Es un privilegio sentir el poder del amor. Como la vida, el amor es en sí mismo una justificación. Y, como la vida —como la verdad— no necesita pruebas para existir.

Las condiciones hacen del amor algo que no es, pero es así como nos enseñaron a amar. El amor condicional se ha convertido en parte de nuestro propio gobierno. Nos obliga a juzgar a las personas y a menospreciarnos. Como cualquier otro delito, el primero en sufrir es el cuerpo. Nos hace sentir solos y no deseados, lo cual conlleva lesiones que no sabemos reparar.

El amor de verdad empieza con nosotros. Nunca es demasiado tarde para redescubrir el poder del amor en nosotros mismos. Nunca es demasiado tarde para preguntar, "¿Qué es el amor?" y abrir todos nuestros sentidos a la respuesta. El amor de verdad no tiene nada que ver con la vanidad o la arrogancia. El amor propio no es egocentrismo. El ego es el "yo", que desea atención y adulación. El amor es la energía que nos recorre y nos rodea. Cuando compartimos el amor, compartimos nuestra fuerza vital. Cuando nos damos amor, estamos reconociendo lo que realmente somos.

Cuando sembramos cariño y respeto por nuestro cuerpo humano, las semillas del amor comienzan a crecer. Nos queremos a nosotros mismos cuando damos al cuerpo el beneficio de la duda. Nos respetamos cuando tratamos a la mente como nuestra creación, porque lo es. Si monitorizamos nuestros pensamientos, podremos entender mejor el lenguaje de la mente. Podemos ser diplomáticos respetuosos, suavizando nuestras palabras y animando al mejor amigo que jamás tendremos. Podemos ser pacientes y atentos por el bien de una gran historia de amor.

Tu cuerpo es el amor de tu vida. La relación que tienes con tu cuerpo afecta a todas las relaciones. Quererte a ti mismo, sin condiciones, puede curar las mayores divisiones de tu mundo. Puede reconectarte con la fuerza de la energía que hizo posible tu mundo.

15

El amor de tu vida

Tu cuerpo físico es, y siempre ha sido, tu verdadero amor. No hay, y no habrá nunca, un amigo más leal o un compañero más íntimo. Lo que tú pienses, él lo sentirá. Lo que tú ordenes, él hará lo posible por obedecer. Si tú haces algo que hiera a tu cuerpo —incluyendo los pensamientos obsesivos—, hará todo lo posible por recuperarse. Tu cuerpo trabaja mucho para mantenerse sano y hacer que tu mundo sea más fácil de tolerar. Para agradecerle su gran generosidad, tal vez tú quieras ser generoso con él también. Pues amar a tu cuerpo, pese a todo. Puedes anteponerlo en cualquier situación. Quizá se necesite algo de práctica para escuchar las necesidades de tu cuerpo, pero lo que más necesita es atención.

Puede que la mente quiera cosas, pero no necesita cosas. ¿Tu cuerpo necesita sentirse importante? ¿Necesita cotillear? En absoluto. La mente está hambrienta de historias. Cuando nos atiborramos de comida, no estamos haciendo feliz al cuerpo; estamos dando consuelo a una mente agitada. El cuerpo no necesita una sedación regular, pero tenemos por costumbre intentar callar la mente con alcohol y drogas. Evitamos la introspección juzgando a los demás. Negamos el amor y nuestros cuerpos sufren.

Amar nuestros cuerpos sin condiciones es algo natural en nosotros, como podemos ver si observamos a los niños. Los bebés aman sin vergüenza ni restricción. Con el tiempo, los niños aprenden a pensar, a imitar el comportamiento adulto y a poner límites al amor. Se olvidan de amar sin miedo. Pero lo más preocupante es que se olvidan de amarse a sí mismos.

Quizá cueste recordarlo, pero todos llegamos al mundo siendo bebés y nos encantaba el cuerpo que ocupábamos. Nos encantaba todo lo que veíamos y sentíamos. Al convertirnos en niños activos, nuestros cuerpos nos llevaron de paseo por un camino lleno de descubrimientos físicos y experiencias sensoriales. Prosperábamos en ese paraíso y, entonces, parece que nos expulsaron de él.

Nos contaron muchas historias cuando éramos jóvenes y nos las creímos todas. Algunas historias sugerían que había algo pecaminoso, incluso feo, en nuestros cuerpos. Muchas historias nos avergonzaron. Aprendimos a culpar al cuerpo de casi todas las decepciones de la vida. "No es culpa mía", aprendió a decir la mente. "Solo soy humano". Pero la mente no es el cuerpo humano; está hecha de materia virtual. Gobierna el cuerpo como se le permite.

¿A cuántos de nosotros nos enseñaron a amar nuestros cuerpos? Las tendencias de salud van y vienen, pero escuchar a tu cuerpo es una capacidad diferente. ¿Dónde está tu atención cuando comes, cuando haces ejercicio, cuando te preparas para dormir? Casi todo el tiempo, tenemos la atención puesta en arrepentimientos pasados o en preocupaciones futuras. Estás discutiendo con gente que no está ahí. Estás nervioso por cosas que no están sucediendo.

Tu cuerpo físico, como un niño o un amante, necesita tu atención para prosperar. Necesita una conversación cara a cara de vez en cuando. Necesita oír algo de gratitud por todo lo que hace. "¡Qué gordo estoy!" no nos proporciona ningún consuelo, sobre todo cuando esas palabras se pronuncian con desprecio. "¡Me parezco a mi madre!" envía señales confusas, pero al final tu cuerpo registra el dolor de la decepción. No siempre nos entusiasma nuestro aspecto, pero nuestros cuerpos no tienen la culpa.

Nuestros cuerpos resplandecen cuando sienten amor. Se cargan de energía cuando sienten la verdad expresada en actos y palabras. Funcionan correctamente cuando se sienten bien. Se pavonean cuando los vestimos bien. Respiran y dan saltos cuando permitimos que nos lleven de paseo, a montar en bici o a nadar. Así es como describiríamos normalmente a una mascota —y la mayoría de nosotros estamos muchos más preocupados por la salud y la felicidad de nuestras mascotas que por la de nuestro cuerpo.

Somos activistas a la hora de darles a nuestros perros comida nutritiva o un paseo por el parque. Por alguna razón, no logramos comprometernos a amar nuestros cuerpos de la misma forma.

El cuerpo humano nos ayuda en maneras que no podemos imaginar. Compensa nuestras ofensas y sigue adelante. Ignora nuestros delitos. Se cura solo, con frecuencia incluso antes de que sepamos que estamos enfermos. Las emociones son importantes; mantienen la salud y el metabolismo del cuerpo del mismo modo que el clima controla el metabolismo del planeta. Pero el cuerpo, que trabaja incansablemente para mantener nuestra salud, puede verse superado por el drama. Tiene que soportar mucha indignación, rabia y miedo —y estar a la altura de nuestras mayores alegrías. Tiene que soportar nuestras convicciones y supersticiones. Y tiene que soportar nuestras absurdas teorías sobre el amor.

El amor incondicional es amor. Todo lo demás es una distorsión del amor. El amor no es una emoción, sino la totalidad de cada emoción. Es la fuerza de la vida, ¿y cómo vamos a ponerle condiciones a eso? El cuerpo es nuestro hogar en la tierra. Nos da todo lo que puede dar y nosotros podemos hacer lo mismo. Quizá nunca aprendimos a amar nuestro cuerpo físico, pero no es demasiado tarde. Puede que adoremos a nuestros gatos y peces más de lo que queremos al cuerpo humano que habitamos, pero, al llegar a conocer ese cuerpo, quizá volvamos a enamorarnos.

Así que quizá haya llegado el momento de verte a ti mismo con los ojos de un amante.

16

Amantes y enamorados

EL AMOR ROMÁNTICO se considera otro tipo de amor. Pero ¿lo es? El cuerpo de tu enamorado es un lugar maravilloso para ti, ¿verdad? El amor verdadero solo ve belleza y perfección, y un amante entregado haría lo posible por expresar ese amor. Si la persona a la que amas te quisiera cerca, no dudarías en responder. Si supieras que te echa de menos, llamarías y te presentarías allí —o al menos se lo dirías. Si tu verdadero amor se sintiera descuidado, le ofrecerías un abrazo o planearías una cita romántica. Te disculparías por estar distraído o por pensar solo en ti mismo.

Bueno, tu cuerpo te echa de menos casi todo el tiempo. Echa de menos la verdad. Y sí, estás distraído. Estás pensando en tu reputación y en tu estatus social. Estás pensando en la última conversación o en la próxima. Haces el mínimo esfuerzo por tu cuerpo y con frecuencia lo pones al límite. ¿El ejercicio es un gesto de amor o un castigo? ¿Qué hay de las dietas? Si tu cuerpo no siente tu juicio, siente tu indiferencia. ¿Dónde están los abrazos y las caricias? ¿Dónde están las flores y las cartas de amor?

El amor propio es amor romántico. Cuando nos preocupamos mucho por alguien, cada gesto es un acto de amor. Cuando amamos sin condiciones, no hay impulso de acusar o de reprochar. Nuestro amor no disminuye por los juicios hechos contra nosotros. Nuestro amor es la esencia de lo que somos —es nuestra fuerza vital. ¿Por qué entonces deberíamos descuidar nuestros cuerpos? Deja que tu cuerpo experimente toda la belleza y maravilla que te rodea. Cuando abrazas la vida por completo y das las gracias a tu cuerpo por todo lo que te permite sentir, entonces estás valorando a tu amigo más íntimo y cercano.

Todo el mundo se encuentra bien cuando está rodeado de gente que siente auténtico amor por sí misma. Resulta alentador, incluso inspirador, estar en su compañía. Nos sentimos seguros. Sería maravilloso que la gente tuviera esa misma impresión cuando está con nosotros. No es probable que ocurra si no nos sentimos cómodos con nosotros mismos.

Una vez más, no podemos dar lo que no tenemos. Si no tenemos dinero para gastar, no podemos compartir nuestra riqueza. No podemos inspirar valor si siempre tenemos miedo. Así que tiene sentido que amar a los demás sea difícil si no nos amamos a nosotros mismos.

Como cualquier historia de amor, el amor propio necesita alimento. ¿Cómo le aseguramos al cuerpo que lo amamos? Le damos la compañía que necesita, claro —no solo de otros seres humanos, sino la compañía del personaje protagonista de nuestra historia. El "yo" necesita involucrarse de un modo protector. El "yo" tiene que decir una palabra amable de vez en cuando. Con el tiempo, los pequeños gestos de agradecimiento se vuelven automáticos. Con el tiempo, nos despertaremos cada día susurrando palabras de aliento. Nos miraremos en el espejo y diremos algo agradable. Como cualquier mascota o niño, el cuerpo anhela sonidos tiernos y comentarios íntimos. Le encantan los gestos de afecto.

Hay cosas que puedes hacer por tu cuerpo, empezando hoy mismo. Puedes escribirte cartas de amor y leerlas en voz alta. Dedicar algo de tiempo a conversaciones entre la mente y el cuerpo. Escucha y tranquiliza. Ofrece una caricia, un abrazo de vez en cuando. Ponte una mano en la mejilla y coloca la otra sobre tu hombro. Abrázate durante un rato. ¿Te sientes mejor? Por supuesto. Los abrazos son maravillosos, aunque tú te hayas dicho lo contrario. Puede que esta sea la primera vez desde la infancia en la que reconoces la necesidad fundamental de tu cuerpo de ser tocado y valorado —por ti.

Sé una buena compañía para tu cuerpo. Échate una siesta vespertina o sal a comer tú solo. Idos al cine juntos. Conecta con la vida dando un paseo por el bosque o por la playa. Tómate unos instantes para contemplar el cielo nocturno. ¡Dale mucha música al cuerpo! Tu mente agradecerá las letras y tu cuerpo bailará con el ritmo, con la melodía, con las reverberaciones de la vida. La relación más importante del cuerpo es con la vida, no con tus insistentes pensamientos. Tu cuerpo es la fusión perfecta entre materia y energía. Tu cuerpo es la cosa más real que conoces.

Puedes mejorar en el amor, empezando por aquel sin el que no podrías vivir. Dile a tu cuerpo "Te quiero". Díselo con frecuencia y dilo en voz alta. Dilo porque es cierto. Dilo cuando empieces tu día. Cuando te metas en la cama por la noche, ponte una mano en la cabeza y di lo mucho que quieres a tu cerebro y a todo lo conectado con él. "Quiero a mi cerebro, a mis orejas, a mis ojos, a mi nariz". Mueve tu mano hacia la boca, el cuello, el pecho, los hombros. Nombra cada parte de tu cuerpo según avanzas y da gracias a las partes que no puedes nombrar. Baja hasta los pies, hasta los dedos. Este ritual no dura mucho y sus efectos son poderosos.

Puede que todo esto parezca raro al principio, pero lo que los humanos ansían es expresar amor. Queremos sentirlo brotar de nosotros, pero nos hemos convencido a nosotros mismos de que nadie desea recibirlo. Nuestros cuerpos sí lo desean. Todos los cuerpos lo desean, aunque su sistema de gobierno lo niegue. Amamos, porque el amor es nuestra fuerza energética. Decir "te quiero" nos acerca a la verdad.

El sexo con otro ser humano es también un acto de amor propio, pues le das a tu cuerpo lo que necesita y disfruta. Cuando hacemos el amor físico, la voz de nuestra cabeza se queda callada y nuestras historias se olvidan. El "yo" es irrelevante —durante un tiempo. Querernos a nosotros mismos provoca esa misma reacción energética.

El amor incondicional hacia nosotros es la definición del paraíso —comenzamos ahí, ¿recuerdas? El amor de tu vida no es tu pareja, tu amante o tu hijo. Es tu cuerpo físico. Amar a tu cuerpo físico hace que sea posible —incluso fácil— amar a todos los seres humanos como tú has de ser amado.

El amor requiere escucha y una respuesta cuidadosa. Antes de pronunciar una diatriba furiosa, pregúntate cómo afectará a tu sistema nervioso. Detente por un momento. Respira. Da un paso atrás, aléjate de la situación y escucha cómo te comunicas contigo mismo. Tus palabras son la orden del cuerpo.

¿Estás haciendo acusaciones? ¿Te estás tomando a ti mismo demasiado en serio? Si todo gira en torno al "yo", entonces cualquier acontecimiento parecerá algo personal. Cada comentario tendrá una respuesta defensiva. ¿Estás dispuesto a hacerle eso a tu cuerpo?

Con total seguridad, puedes utilizar tus energías de un modo más productivo. Puedes amar sin preocuparte por obtener algo a cambio. Tu cuerpo lo agradecerá. Te sorprenderá descubrir que amar es algo natural. Quizá descubras que eres muy generoso y que tu generosidad inspira gratitud en todo aquel que te conoce. La gratitud inspira generosidad, que a su vez inspira más gratitud. Eso describe a la perfección el amor en acción.

La gratitud y la generosidad crean la relación ideal entre tu mente y tu cuerpo. La amabilidad y el afecto estimulan todo tu sistema. Un pequeño elogio produce una gran recompensa emocional. ¿Por qué no dejar que todo eso provenga de aquel que cuenta la historia?

No dejes que tus pensamientos se escondan de ti, creciendo en la oscuridad hasta que son demasiado fuertes para controlarlos. Cuando no tienes que defender tus opiniones, eres libre de ser auténtico. Eres libre de decir que no, sin castigos. Eres libre de decir que sí, sin arrepentirte. Eres libre de amar sin límites. Eres libre de rendirte a la vida, al amor. No es el cuerpo físico el que se rinde; es la mente la que renuncia a sus historias. La mente rendida suaviza sus propias leyes y las desecha. Permite gobernar al amor, sin interferencias. De hecho, todo cambia cuando el personaje protagonista respeta y venera el cuerpo.

Cuando nos amamos a nosotros mismos con plenitud, regresamos al lugar que solo conocimos en la infancia. Recordamos que el amor no tiene condiciones y no necesita justificaciones. Recordamos la sensación del paraíso y deseamos solo eso. El paraíso es el hogar, y nunca es demasiado tarde para regresar.

17

Amor por la humanidad

EL CAMINO DE vuelta hacia el amor propio comienza cuando la mente rompe su propio hechizo. Nuestras creencias actúan a modo de fortaleza, defendiéndonos de nuevas perspectivas, pero las creencias están hechas de niebla. Cuando no queda nada que defender, solo vemos la verdad. Todos los grandes mensajeros se han dado cuenta de ello. Su sabiduría era evidente en su autenticidad. A lo largo de los siglos, los humanos más auténticos han dejado los legados más brillantes.

Los hombres y mujeres sabios se distinguen desafiando lo que saben. En algún momento, deciden observar con atención la realidad y cuestionar el mundo que han creado en su mente. Se atreven a ver lo que es, no lo que les enseñaron a ver. Se abstienen de contar viejas historias y confirmar creencias comunes. Se niegan a dejar que la memoria dicte la realidad. Se quitan la venda de los ojos y empiezan el viaje hacia la consciencia.

Todo el mundo tiene derecho a buscar la verdad y al principio empieza con dudas. "Pensé que me conocía, pero no estoy seguro. ¿En qué debería creer? ¿Por qué debería creer en algo?". La duda inicia un proceso de exploración, al volver a mirar las cosas que nos habían enseñado a aceptar como ciertas. "Antes tenía una teoría sobre la vida... ¿Era real?".

La duda puede echar por tierra una estructura de creencias, si estamos dispuestos a permitírselo. ¿Por qué deberíamos hacer eso? Porque queremos despejar la tontería y ver la verdad. La duda nos da la oportunidad de mirar a nuestro alrededor, observar la fiesta de locos y decidir qué papel queremos tener en ella. Nos da la oportunidad de corregir el personaje protagonista, cuya voz permanece en nuestra cabeza —una voz que tal vez no haya cambiado desde la infancia.

Has crecido. Ya no eres un niño asustado. Quieres ser maduro, emocional y espiritualmente. Quieres ser auténtico, porque interpretar el papel del personaje protagonista te ha dejado cansado. La duda revela tus mentiras. Desacredita tus historias, hasta que estás listo para deshacerte de ellas y depositar toda tu fe en tu verdad.

La solución a todo conflicto es el respeto. El respeto significa poner fin a la guerra, a los maltratos, a los crímenes que diariamente cometemos contra nosotros mismos. El respeto aporta paz a nuestro mundo. El respeto en uno mismo acabará por reescribir las leyes que hieren a tu cuerpo. Transformará tu congreso y tu constitución. El viejo estilo de liderazgo cambiará por el bien de tu país. Ya no habrá intenciones confusas, porque las palabras, tus mejores embajadoras, transmitirán un mensaje claro. Ofrecerán consuelo a tus adversarios así como a tus amigos.

El respeto significa que honras el derecho de todos los países o cuerpos a existir —empezando por ti mismo. Si otras naciones no te respetan, pueden buscarse otros aliados. Tú no interferirás con sus gobiernos y ellas no interferirán con el tuyo.

El respeto parece una solución sencilla, pero la mayoría de nosotros no lo ha puesto en práctica. Nuestras defensas están desbordadas. Hacen falta actos deliberados de amor propio para vencer nuestros propios hábitos. Hace falta una revolución interna para elevarnos por encima de nuestro propio conocimiento.

La tierra es el resultado de millones de años de evolución. Los gobiernos del mundo son el resultado de miles de años de evolución. Tu pequeño gobierno es casi tan viejo como tú, pero tus palabras y acciones podrían tener influencia en generaciones futuras.

Piensa en eso cuando te preguntes quién eres y cómo te gustaría afectar a tu mundo. El presidente de tu pequeño régimen puede convertir la vida en una prisión o en un paraíso. Cada momento que pasa tienes la oportunidad de decidir tu estilo de liderazgo.

Por quién votes —el dictador o el que toma decisiones con sabiduría— marcará la diferencia.

El "yo" nunca es el mismo, porque nuestra impresión de la realidad no para de cambiar. Esto significa que el "yo" puede ser tan flexible como la realidad misma. El "yo" puede ser presidente de una realidad que incluya todo, no solo las partes que resultan cómodas y familiares. El personaje protagonista puede rescatar al cuerpo o gobernarlo con temeridad. Puede aprender a dudar de las suposiciones automáticas y resistir la tentación de repetirlas. Con un poco de práctica, la arrogancia empieza a parecer antinatural. La autocompasión pierde su atractivo y dejamos de tomarnos las cosas de manera tan personal.

Ahora mismo estás leyendo u oyendo leer en voz alta estas palabras. Eso significa que estás convirtiendo símbolos hablados en imaginería mental. Las palabras no tienen vida propia hasta que las lees o las oyes. Son cosas muertas hasta que la imaginación les da vida.

Una vez que imaginas algo, está vivo en un paisaje virtual. Lees, escuchas y creas un mundo en el que existir. Ahora esas palabras y sus significados pueden aplicarse a tus acciones. Si quieres, puedes hacer que las ideas cobren vida en el mundo de las personas y los lugares. Así es como construiste tu realidad personal —observaste, aprendiste y te dejaste llevar por el deseo. Construiste cosas reales a partir de ideas. Utilizaste los poderes de la atención, la memoria y la imaginación para convertirte en un ser humano único dentro del sueño humano.

Al igual que cuando creamos un avatar en un videojuego, elegimos el personaje que queremos ser. Lo vestimos y le damos las armas y estrategias necesarias para sobrevivir. A lo largo de los siglos hemos usado libros, obras de teatro y películas para disfrutar de las realidades que no somos capaces de desarrollar en nuestras vidas. La tecnología actual hace que sea posible interactuar con los personajes que creamos —así como con aquellos creados por gente a la que tal vez nunca conozcamos. Sin embargo, puede que no nos demos cuenta de que llevamos mucho tiempo haciendo eso por nosotros mismos —sin libros, sin tecnología.

En la vida, hacen falta años para construir el personaje que tú llamas "yo". Nadie nace con un sentido intelectual de sí mismo. Como los bebés, simplemente existimos. Vemos, sentimos y respondemos como podemos. A medida que aprendemos a usar las palabras y les damos significado, empezamos a describirnos. Por supuesto, recibimos mucha ayuda —las personas que nos rodean, expertas en explicar cosas, se muestran dispuestas a decirnos quiénes somos. Nos describen según sus juicios, sus esperanzas y el modo en que se ven a sí mismas en nosotros.

Así que, poco a poco, comenzamos a imaginar el "yo". Todos sabemos que a los niños les gusta jugar con sus propias ideas. Un niño pequeño puede pasarse el día entero siendo un perro, ladrando y pidiendo premios. Los niños se vuelven caballeros y princesas en su imaginación, creando entornos a los que acudir con esos roles. Construyen fortalezas y castillos en las copas de los árboles. Imaginan reinos enteros y los gobiernan con seguridad. Todos recordamos haber jugado con amigos imaginarios, pero el amigo imaginario que nos sigue a todas partes, siempre, es el "yo".

Como comunidad, la humanidad narra los cuentos clásicos de héroes y dioses. En la historia que contamos sobre nosotros, cada uno es el héroe —el héroe caído o el salvador. Somos vencedores o víctimas perseguidas, según nuestras historias. Parecemos autosuficientes o indefensos, dependiendo de cuánta atención deseemos. Nuestro corte de pelo y nuestra ropa cambia con los tiempos, pero las creencias y las conductas acaban por quedarse allí instaladas —hasta que elegimos despertar, mirarnos a nosotros mismos de verdad y cambiar lo que no funciona.

Nuestro comportamiento habitual "no funciona" cuando aleja a la gente a la que queremos. Una creencia no funciona cuando nos hace sentir mal. Una ideología no funciona cuando conduce a la obsesión, el miedo o el cinismo.

Hemos estado usando el poder de la imaginación para definirnos a nosotros mismos a lo largo de nuestra vida. Podemos volver a utilizar ese poder para ser la mejor persona posible dentro del contexto de cualquier sueño. Es importante ver dónde estamos ahora y cómo hemos llegado aquí. Piensa en los acontecimientos transformadores de tu vida. Puede que no sean aquellos que aparecen en las fotos familiares. Quizá ocurrieron cuando estabas solo; quizá tuvieron lugar sin que te dieras cuenta. Tuviste un pensamiento, imaginaste el mundo de manera diferente por un instante y todo cambió.

El cambio suele ser el resultado de sutiles descubrimientos. Lees un libro o ves una película. Algo cambia tu punto de vista o despierta tu curiosidad. Escuchas una conversación y eso te hace reflexionar sobre tu vida. Oyes una canción cuya letra te va directa al corazón, y ya nada vuelve a ser lo mismo después.

Incidentes así podrían haber cambiado el curso de tu vida. Podrían haberte impulsado en una nueva dirección o haberte dado una dirección cuando no tenías ninguna. Tal vez seguiste las expectativas o recorriste un camino que ya te había sido trazado. Sin embargo, sucedieron cosas que te trajeron hasta este punto, hasta este momento.

La vida está enseñándonos algo a todas horas. Todos somos aprendices en ese sentido y podemos crear cualquier tipo de disciplina para nosotros. Podemos reservar unos pocos minutos al día para recordarnos a nosotros mismos la verdad —respirar con calma, escuchar nuestras voces internas y descartarlas. Nuestros pensamientos documentan los acontecimientos del día de hoy, los acontecimientos de ayer, y especulan sobre acontecimientos futuros. No nos cuentan nada nuevo o nada que sea cierto.

Las historias que contamos sobre esta vida son ficción. El "yo" es el protagonista en esta obra de ficción. Cuando el "yo" se cree sus peores historias, el miedo y la paranoia gobiernan el cuerpo humano. Entonces parece que se ha liberado un demonio. Todas las historias sobre guerreros espirituales han intentado ilustrar esto. El enfrentamiento final con el "yo" es el elemento clave en las historias sagradas. La historia de Buda ilustra esto de maravilla. Denunciar al "yo" como una ilusión es el acto de un maestro espiritual. La historia de Jesús cuando conoce al "yo" en el desierto es una lección clásica de consciencia. Tu creación podría no parecer un demonio o un santo, pero hace falta un esfuerzo para que sea consciente de sí misma. Todas las tradiciones cuentan la misma historia, cada una con sus propios símbolos y personajes.

El mundo de la mente está construido sobre unos cimientos de símbolos, y es importante distinguir la manera en que cada símbolo explica lo que es real. Es importante ver que cada mente humana utiliza la imaginación para crear su propia versión de la realidad. De hecho, cada mente crea una versión de la irrealidad. Cada mente crea su propio mundo virtual. También puede recrearlo. Puede escanear su propia base de datos de historias, en busca de información maliciosa, y autocorregirse. Puede poner fin a la estrategia de aislar al cuerpo humano, de alienarlo y después controlarlo como desee. Los juicios y las críticas pueden desaparecer. El cotilleo y la especulación pueden desaparecer. Las desconfianzas y los prejuicios —todas nuestras excusas para odiar— pueden desaparecer.

Los gobiernos representativos necesitan un sistema de controles y equilibrios. Deberíamos desafiar nuestro conocimiento personal, pese a todo lo que inspira. Deberíamos enfrentarnos a nuestros miedos irracionales y resolverlos. No deberíamos permitir que una creencia produzca vergüenza. Pese a las leyes que hemos establecido, necesitamos ser libres para amar sin condiciones.

18

Miedo y conocimiento

Una de las mayores barreras al amor es el miedo. Por supuesto, el miedo es natural en cada organismo; está diseñado para alertarnos del peligro y preservar nuestras vidas físicas. El miedo irracional, por su parte, es diferente. Es el miedo a algo que no existe. Los niños no conocen la diferencia entre el miedo real y el miedo irracional, y es acertado decir que el resto de nosotros tampoco. Pensamos algo que nos da miedo y el cuerpo reacciona, sintiendo un peligro auténtico. Detectamos el miedo en otras personas y nos contagiamos del virus. Observamos sus reacciones e imitamos su histeria. Nos entra el pánico. Es evidente que aquello que sabemos tiene el poder de hacernos daño.

De niños, no nos cuestionábamos lo que sabíamos. Podíamos nombrar las cosas que nos daban miedo —un trueno, la oscuridad, las arañas peludas. "Sabíamos" que había criaturas en el sótano. Sabíamos que esas criaturas eran reales, porque nos aterrorizaban; y sabíamos que estábamos aterrorizados porque esas criaturas eran reales.

Incluso ahora, sabemos cuándo tenemos miedo y sabemos por qué. El conocimiento alimenta el miedo y el miedo confirma lo que sabemos. Esto parece un ciclo infinito, ¿verdad? Así que debemos desafiar a nuestro conocimiento. Y tenemos que enfrentarnos al miedo tarde o temprano. Cuanto más esperemos, mayores se vuelven los miedos.

Enfrentarse al miedo aporta claridad. La claridad, a cambio, reduce el miedo —nos permite apagar la luz del dormitorio sin preocuparnos por los demonios que se esconden en las sombras o los ogros de debajo de la cama. ¿Qué es real? No son reales nuestros miedos irracionales, ni las historias que durante tanto tiempo nos hemos creído sobre nosotros mismos y nuestra relación con la vida. Admitir lo que no es real supone un gran paso hacia la consciencia personal.

Sabemos que las creencias se adaptan a las nuevas circunstancias; cambian y se esfuman. Cuanto más aceptemos una creencia como elección, menos poder tendrán los miedos sobre nosotros. Con menos miedo, nuestra seguridad en nosotros mismos se refuerza; y, con más seguridad, más capaces somos de desafiar nuestras creencias. Vemos lo que son y sabemos instintivamente que no son reales. Podemos descartarlas si queremos. También sabemos cuándo hemos dejado de tener miedo. Sabemos cuándo somos felices y cuándo nos sentimos a salvo. Así que, en ese caso, lo que sabemos también puede salvarnos.

Primero hemos de aceptar que tenemos miedo. El miedo con frecuencia pasa desapercibido y solo nuestros actos nos dan una pista. Desafiar al miedo significa encontrar su fuente y luego indagar más.

Esto significa que las excusas no son aceptables. "Bueno, mi madre solía decir que…" es algo que no justifica las creencias que nos siguen hasta la edad adulta. "He sido así desde mi accidente…" es algo que no explica por qué seguimos asustados e infelices. "Me han dicho que soy muy nervioso" suele significar que nos hemos acostumbrado a nuestras ansiedades.

Nos aferramos al miedo por muchas razones. Nos aferramos a viejas creencias porque nos hemos acomodado. El cambio es inconveniente y trae consigo demasiadas sorpresas. Queremos que las cosas sigan igual. Queremos que nuestras fobias nos definan. En muchos casos, no sabemos quiénes seríamos sin nuestros miedos. También podría ser que nunca llegamos a decirles adiós.

Si estamos preparados para cambiar, hay cosas que podemos hacer. Podemos ser mucho más sinceros con nosotros mismos, para empezar. Podemos confesar nuestro apego al miedo o a las creencias que causan ese miedo. Con frecuencia ayuda escuchar a otras personas hablar de sus miedos. Ofrecer consuelo a alguien también es útil. De niños solíamos hacer eso de manera intuitiva —darle la mano a un amigo en un camino oscuro o proteger a un cachorro durante una tormenta.

Aún podemos ayudar a un niño a ver si hay monstruos debajo de la cama. Podemos mirar bajo nuestra propia "cama". Quizá hayamos estado imaginando lo peor y descubramos que lo peor no es tan malo. Podemos enfrentarnos a nuestro propio miedo por el bien de un amigo. Los amigos se enfrentan juntos a los monstruos. Pueden crecer y hacerse más fuertes prestándose ayuda.

El miedo, si no se desafía, controla nuestra vida y guía nuestras acciones. Con frecuencia decimos que tenemos miedo a otra gente —un compañero, un jefe, un desconocido. En la mayoría de los casos, tenemos miedo de nuestras propias reacciones. Tenemos miedo de cómo podríamos reaccionar en una situación concreta. Tenemos miedo de lo que haremos después para decepcionarnos, confundirnos o traicionarnos a nosotros mismos. Sea cual sea la razón, tenemos miedo, y tiene que ser culpa de alguien.

Cuando culpamos a los acontecimientos, a las personas o a Dios de nuestros problemas, estamos

desempeñando el papel de víctima. Como esos caza-
dores primitivos en una noche sin luna, estamos
indefensos para salvarnos a nosotros mismos. La
rabia no nos vuelve más capaces. La autocompasión
no nos provoca admiración. Cuando nos separamos
de un problema, nos alejamos de la solución. El
hecho es que nosotros somos el problema. Somos
la confusión, sin tener la culpa. Y también somos la
única solución.

Despertar y ver es el regalo que nos hacemos a
nosotros mismos. Hacer algo con lo que vemos es
nuestra salvación. La consciencia es el regalo de la
vida para los mortales. Puede que Hércules rezara a
Zeus para tener poder, pero solo él, Hércules, podía
decidir cómo usar ese poder con sabiduría.

Sin importar lo que hagamos en la vida, todos
somos exploradores en busca de la verdad. Buscamos
la verdad en las historias clásicas y en las conversaciones comunes. Evolucionamos como individuos
cuando nos desafiamos a nosotros mismos a ver. La
humanidad evoluciona cuando desafiamos lo que
sabemos. Antes la gente creía que el sol giraba alrededor de este planeta. Estábamos seguros de que,

si viajábamos lo suficientemente lejos, nos caeríamos de la tierra. Sabíamos qué era lo que temíamos. Temíamos lo que sabíamos.

La mente construye su propia casa con ilusiones —luminosas y sombrías— desde que aprendemos a hablar y a pensar. Todo va bien hasta que las expectativas se vienen abajo. Todo parece fantástico hasta que nuestros deseos entran en conflicto con los deseos de otras personas. Todo va sobre ruedas hasta que sacuden nuestra realidad, y entonces aparece el pánico. Las creencias rígidas pronto se romperán.

Cuando tiene lugar un terremoto virtual, el cuerpo tiembla y las emociones salen a la superficie. Eso lo sabemos, porque lo hemos experimentado muchas veces. Decimos que nos han decepcionado en el amor, o nos ha traicionado un amigo, y hemos reaccionado. Nos hemos rebelado. Pensando que ayudan, nuestros seres queridos apoyan nuestras peores historias. Confirman nuestros peores miedos. Ellos también se indignan y sugieren que busquemos algún tipo de venganza —y nosotros les hacemos caso.

Cuanto más nos comprometemos con una historia, más difícil es ver con claridad. Cuanto menos vemos, más miedo tenemos. Cuanto más miedo tenemos, más nos aferramos a nuestras historias. El conocimiento y el miedo trabajan de la mano. Al volvernos más irracionales, el cuerpo sufre más aún.

Las viejas ideas y los malos hábitos seguirán haciéndonos daño si somos incapaces de darnos una tregua. Un desengaño amoroso puede durar toda una vida si no nos damos cuenta del regalo que supone. Si un amante nos decepciona o nos rechaza, sentimos que se nos rompe el corazón. Si tenemos que abandonar una escuela que amamos, sentimos que se nos rompe el corazón. Si desaprueban una creencia o se destruye nuestra imagen de alguien, sentimos que se nos rompe el corazón. Pero no es el corazón lo que se rompe. Lo que se rompe es la certeza absoluta de la mente. Lo que se ve amenazado es el personaje principal, tan seguro del "yo". Cuando la realidad virtual recibe un golpe, el cuerpo responde entrando en shock.

Lo que la gente llama un corazón roto es el resultado de una colisión con la verdad. Es la oportunidad perfecta para alcanzar la verdadera consciencia. "No salió como había imaginado", podríamos decirnos a nosotros mismos. "Ella no es la persona que creía que era". "Él no es el hombre con el que me casé". Esas cosas suelen decirse con tristeza y pena, pero son revelaciones importantes. En ellas, oímos la duda del "yo". Su realidad ha sido desafiada. Es entonces cuando la mente tiene la oportunidad de enfrentarse a sí misma y ver sus propias ilusiones. El amor no nos hace daño. El amor no es el culpable de nuestro dolor, y el amor jamás es una excusa para sufrir.

Nadie es el culpable, sin importar el drama. Tenemos la oportunidad de ver lo que realmente es y no lo que queríamos imaginar. Eso es algo bueno, pero la respuesta típica a la decepción es el rencor. Nos compadecemos de nosotros mismos y queremos que los demás también nos compadezcan. Esto hiere al cuerpo y pone más distancia entre lo que es real y lo que imaginamos que es real. En otras palabras, estamos mintiéndonos otra vez a nosotros mismos.

Nos decepcionamos cuando los demás no están a la altura de las fantasías que tenemos de ellos. Los amigos no cumplen nuestras expectativas y nos sentimos engañados. Los amantes no cumplen nuestros estándares y nos sentimos rechazados. Las personas no son lo que creemos que son, pero ¿es eso culpa suya? Queríamos imaginarlas a nuestra manera, sin importar las pruebas que indicaban lo contrario. En lugar de sentir autocompasión, podemos sentir gratitud por la oportunidad de despertar. En lugar de centrarnos en lo que no estaba allí, podemos empezar a entrarnos en lo que sí está.

Todos aprendimos a llamar la atención contando una buena historia. La atención es algo que todos disfrutamos, y contar una historia dramática es una buena manera de obtenerla. Hemos aprendido qué partes contar a un público en particular. Les hemos hecho reír. Les hemos hecho llorar. Hemos logrado arrastrar a otras personas al drama de nuestra vida, porque creemos en eso.

Nos identificamos a través de nuestras historias y, cuando algo desafía a la historia, nos sentimos amenazados. "Si esto no es cierto, ¿qué otras cosas de mí no son ciertas?", nos preguntamos. "Si yo no soy yo, entonces ¿quién soy?". Si una cosa es falsa, entonces nada puede ser verdad. El cuerpo oye esos mensajes y se pone nervioso. "¿Quién maneja esta máquina?", podría preguntarse. "¿Y dónde vamos?".

Las personas vienen de diferentes culturas, pero todos tenemos una cosa en común. Ponemos mucha energía en ser quienes decimos que somos. Nos distraemos y nos alejamos de la verdad. Dejamos que el miedo nos controle. Esquivamos preguntas y damos coartadas. Eso no es madurez espiritual, o madurez de cualquier tipo. Pero, como los niños que un día fuimos, podemos enfrentarnos a nuestro miedo. Podemos caminar por la existencia de un modo que jamás creímos posible. Podemos creer.

Podemos cambiar las reglas por las que vivimos, porque nosotros creamos esas reglas. Podemos ver la vida en su totalidad, no a través de los "ojos" de un personaje predecible. Cualquiera puede aprender a ver, explorar y descubrir lo que es real. Al igual que los turistas hambrientos en un país extranjero, cualquiera de nosotros puede desarrollar el gusto por cosas exóticas. En otras palabras, la mente puede desarrollar el gusto por la verdad.

¿Quiere hacerlo? Mientras creamos que estamos representando la verdad, ¿por qué íbamos a tener ganas de algo diferente? ¿Por qué no podemos estar borrachos y seguir así? Bueno, piensa en eso por un segundo. Los borrachos de cualquier tipo no se gustan a sí mismos y no ven muchas cosas que les gusten en la vida. Mienten a las personas cercanas a ellos y se engañan a sí mismos. Los borrachos son lo que hemos sido, y ahora queremos otra cosa.

Es probable que casi todos los borrachos prefieran estar sobrios. Preferirían ver con claridad, respirar aire fresco y sentir el sol en la cara. Preferirían sentir el roce de la verdad y no solo especular sobre ella.

Quieren ser las mejores personas posibles, pero ¿cómo pueden lograr eso?

19

Paz en nuestro tiempo

Hay una razón por la cual estas perlas de sabiduría siguen a preguntas importantes. Las preguntas son invitaciones. Son preludios de la acción. Ofrecen la oportunidad de derribar miedos y barreras del conocimiento aceptado.

A veces oímos una idea que nos resulta extraña, pero aun así suena a verdad. Nos emocionamos y queremos más. Escuchamos con atención y leemos más allá. Recolocamos nuestros pensamientos para incluir esa perspectiva. Una nueva teoría nos plantea una aventura filosófica y, como cualquier aventura, tiene elementos que dan miedo. Si aceptamos el reto, casi con total seguridad acabemos en un lugar diferente. Nuestra visión del mundo se transformará y aprenderemos cosas de nosotros mismos que antes no sabíamos. Sí, da miedo, pero a la vez es emocionante.

A la mayoría de nosotros le gusta explorar nuevos mundos. Nos encanta, hasta que sentimos que estamos perdiendo el "yo". Algunos de nosotros llegamos a un punto en nuestro viaje espiritual en el que ya no nos reconocemos. Es ahí cuando solemos asustarnos y poner fin a la aventura. Nos rendimos. Nos emborrachamos un poco y regresamos a la fiesta.

Si estamos dispuestos a seguir avanzando, ahí es cuando empieza la verdadera aventura. Es cuando la vida empieza a jugar con nosotros —hablando con nosotros y hablándonos en nuestros sueños. La nueva información comienza a llegar de todas partes. Leemos cosas, oímos cosas y respondemos a las cosas de manera diferente. Lo vemos todo con otros ojos. Las palabras de esa valla publicitaria que vemos todos los días cobran otro sentido. Los absurdos anuncios de la televisión revelan un conocimiento secreto. Las conversaciones que oímos en los restaurantes parecen ofrecer mensajes profundos. De pronto, estamos decodificando los acertijos de la vida, uno a uno.

Como atestiguará cualquier científico, la búsqueda de respuestas trae consigo revelaciones inesperadas. La curiosidad abre puertas invisibles y ofrece sorprendentes puntos de vista. Nos vamos a dormir con una pregunta y nos despertamos con un nuevo punto de vista. No es que la información que obtenemos sea realmente nueva, pero ahora, de pronto, nos permitimos a nosotros mismos percibirla.

La vida es la portadora de información —mediante palabras, imágenes o un éxito musical en la radio. Nos dice la verdad continuamente, sin parar, casi siempre sin palabras. Si no estamos dispuestos a mejorar nuestra atención, nos perdemos muchas cosas. Cuando nos concentramos en algo, nos cegamos a todo lo demás. Cuando incorporamos una idea diferente, aunque con desconfianza, la realidad comienza a cambiar. Nuestra imaginación se enciende y atisbamos la verdad.

Podemos imaginar la eternidad, el infinito y la inmortalidad. Podemos sentir la magnitud de la fuerza del amor. A veces nos transportamos cuando imaginamos a Dios. Pero, si abrimos los ojos, vemos a Dios delante de nosotros: vemos la vida que emerge de todas las cosas. Presenciamos el amor en acción, en todas partes. Sentimos la energía. Percibimos nuestro poder eterno e infinito moviéndose por la materia.

El mayor arte de la humanidad es soñar conscientemente —utilizando el lenguaje como un artista utiliza pinceles y pinturas. Nosotros somos el artista de nuestro sueño, somos el objetivo central en cualquier paisaje que queramos imaginar.

Estábamos destinados a despertar y ver lo que nos rodea. Estábamos diseñados para cambiar y evolucionar. Nuestros cuerpos físicos nunca dejan de cambiar. La energía nunca se mantiene igual. Aun así, intentamos definirnos del mismo modo a lo largo de los años de nuestra vida. ¿Preferiríamos no despertar?

Todos sabemos lo que es despertarse, dado que lo hacemos cada mañana. Con los ojos todavía cerrados, oímos los sonidos y desciframos su significado. Escuchamos y sentimos moverse nuestro cuerpo. Percibimos la energía, en el interior y a nuestro alrededor, de muchas maneras. Respiramos, nos movemos, nos estiramos y sentimos la maravilla de ser humano. Entonces abrimos los ojos.

¿Recuerdas la primera vez? Es fácil imaginar abrir los ojos por primera vez. Lo hicimos al nacer y lo hemos hecho una y otra vez a lo largo de nuestras vidas. Cada vez que nos despertamos después de una noche de sueño, o tras una siesta —cada vez que regresamos de una fantasía— tenemos la oportunidad de ver por primera vez.

Cierra los ojos y el mundo desaparece. Ábrelos de nuevo y todo lo que ves es un milagro. Todo lo que oyes es una vibración íntima de la energía, un saludo de la vida. Despiertos y conscientes, podemos ver el mundo como es y responder a él con autenticidad. ¿No es más fácil que tener que recordar el papel que estás interpretando a cada minuto del día?

Cuando nuestros ojos se abren, el cerebro empieza a registrar imágenes y la mente llega a conclusiones rápidas —empieza a contar una historia. Todo esto ocurre porque la luz ha entrado en nuestros ojos. De hecho, lo único que vemos es luz. Las personas solo ven luz, que toca y rebota en los objetos. El resto es una historia. El resto es un hechizo lanzado por un mago poderoso. Hace falta un hechicero entregado para romper ese hechizo. Hace falta alguien dispuesto a despertar, a abrir los sentidos y a ver.

Todo el mundo se guía por un sueño permanente y todo el mundo tiene el poder de orientar ese sueño en una nueva dirección. Todo el mundo tiene la oportunidad de cambiar el mensaje. "Ángel" es otra palabra para decir "mensajero". La manera en que reaccionamos a la gente y a los acontecimientos nos convierte en los ángeles que somos. Quizá nos sintamos ángeles vacilantes, ángeles desdichados o ángeles en recuperación, pero estamos aprendiendo a transmitir el mensaje de la vida a través de nuestras palabras y acciones. Con cada revelación, nos volvemos más conscientes del mensaje de la vida. Aprendemos a ver una imagen más amplia del mundo. Enriquecemos nuestra relación con todas las cosas.

La paz significa ser libre de las perturbaciones. En una escala global, significa que no haya guerra entre naciones. Significa que las diferentes culturas se llevan bien; se respetan sus tradiciones y se toleran sus creencias. La paz significa que un gobierno no busca derrocar a otro o imponer sus principios.

La paz significa lo mismo para ti, para mí y para todos. Significa poner fin al caos de nuestra mente. Significa que hemos acabado la guerra entre ideas, una guerra que causa confusión e inquietud. No queremos imponer nuestros principios a nadie o faltar al respeto a las creencias y tradiciones de otras personas. La paz que creamos en nuestro tiempo, en nuestro universo, tiene una influencia duradera. Asegura nuestra propia sensación de bienestar y afecta a la seguridad y al bienestar del mundo que nos rodea.

Puede que no estés satisfecho con tu vida o estés frustrado con cómo te van las cosas. Quizá sientas que no tienes control sobre nada —ni tus amigos, ni tus hijos, ni tu realidad. Quizá te preguntes qué hace que los demás se comporten así. Tal vez te has dado cuenta de que no lo sabes todo y no puedes saberlo todo.

"No lo sé" es lo que cambia el juego. Cuando renuncias a tener que saber o llevar razón, te sientes más ligero de inmediato. Renuncias a tus historias. La mente no es la jefa de nada y no quiere serlo. Deja que la vida se haga cargo.

La vida es energía, verdad y propósito. Ninguna imagen que tengas de ti mismo puede igualar la verdadera energía y el poder que tienes. Las palabras, por muy sinceras que sean, no pueden expresar la verdad. Tú eres energía que vive dentro de un ser humano. Tú eres la verdad, envuelta en una bonita historia.

En el fondo, esta es la historia de una mente despierta. Como la mayoría de nosotros, solo puedes verte a ti mismo de una manera hasta que utilizas el poder de la atención para ver mucho más. Crees en un reflejo hasta que aprendes a verte a ti mismo en todo. Confía plenamente en la verdad y sentirás que todas tus mentiras se esfuman.

Casi todos nosotros confiamos en la naturaleza. Nos sentimos cómodos en la naturaleza, incluso en un parque de la ciudad. Disfrutamos de la compañía desinhibida de los animales y de la serenidad de los árboles. Puede que esto parezca extraño, si tenemos en cuenta que la naturaleza puede hacernos daño. La naturaleza puede volverse violenta. Puede arrasar un bosque o derribar una montaña. Los animales ensucian nuestras alfombras y muerden a nuestros parientes. Son impredecibles y, en muchos aspectos, poco fiables. ¿Qué tiene eso de reconfortante? ¿En qué se puede confiar?

Confiamos en la autenticidad. Los animales y los árboles no se esconden detrás de una historia. La vida gobierna los océanos y las cadenas montañosas; nuestros pensamientos no. Nos mostramos reticentes a vernos a nosotros mismos como parte de la naturaleza. En su lugar, nos vemos como rivales de la naturaleza. Nos vemos como turistas dentro de un paisaje natural. Como turistas, nos asombramos y maravillamos. Admiramos la inteligencia de los árboles y la sensibilidad de las gotas de lluvia. Sentimos que el mar y el cielo saben algo que nosotros desconocemos y que la naturaleza tiene un poder secreto que a nosotros nos falta.

Solo está la vida, y sus incontables puntos de vista. Es un perjuicio para la vida, para la verdad, pensar que no somos parte de ella. Es derrotista negar el poder de la vida y la magia que llevamos dentro.

La escuchemos o no, nuestra cháchara interna aumenta el estrés que siente nuestro cuerpo. Afecta a nuestro estado anímico. Altera nuestra manera de tratar con otra gente y nos hace luchar para llegar al final del día. Ocurren tantas cosas en nuestra cabeza que apenas podemos tomar decisiones o mantener conversaciones claras.

Incapaces de contener la historia interna, hablamos de nuestros problemas, necesidades y frustraciones. Damos voz a nuestras opiniones con demasiada fuerza. Centramos la atención de todos en el "yo". Lo que creemos que sabemos nos consume. Lo que otra gente sabe nos infecta. Nuestra atención está puesta en las noticias, en las especulaciones, pero no en la verdad. Nuestro cuerpo se engancha al drama, lo que nos hace querer más drama, más cotilleo y más conspiraciones.

En el fondo nos castigamos a nosotros mismos por nuestras faltas y nos culpamos por nuestros infortunios. Llevamos recuerdos allí donde vamos, aunque su peso sea insoportable. Tenemos los ojos puestos en el pasado y nuestra imaginación vuela hacia el futuro. Eso nos vuelve insensibles al momento presente. Así que se nos olvida ser amables. Se nos olvida saludar a un desconocido o escuchar a un amigo. Se nos olvida ser buenos con nosotros mismos.

Todo esto puede invertirse. Podemos permitirnos dar amor de forma generosa —porque el amor es nuestra verdad. No tiene límites. El amor es nuestra energía. No nos cuesta nada respetarnos sin buscar justificaciones. No nos cuesta nada respetar a quienes conocemos, porque toda la materia se creó a partir del mismo misterio. Todos los humanos nacimos inocentes de todo crimen. Todos nosotros sobrevivimos hasta este punto, plegándonos a leyes tácticas y soportando el ruido de nuestros propios pensamientos.

Fuimos concebidos y creados gracias al puro potencial. Sobrevivimos a todas las pruebas de la infancia y a las presiones del sueño humano. Y estamos aquí ahora, preguntándonos cosas y deseando, porque sabemos que hay cosas que aún podemos aprender. Sentimos que hay una manera mejor de ser humano.

Fuimos bendecidos con un cerebro y un sistema nervioso que nos permiten recibir información directamente de la vida. Somos capaces de crear un mundo virtual, instante por instante. No es nada fijo; es fluido. Nuestra realidad puede cambiar de forma; el cuerpo humano responderá a nuevos acuerdos. Nuestras emociones no tienen por qué responder a un liderazgo torpe. Nuestros pensamientos pueden templarse. Cada uno de nosotros es capaz de reflejar la verdad a través de sus propias palabras y acciones. Y eso —afrontémoslo— es un súper poder asombroso.

20

Epílogo

Después de todo su trabajo, el chico de nuestra historia se fue a casa sin monedas en el bolsillo, pero esa no fue la razón por la que hizo el esfuerzo heroico de ayudar a un anciano con su carro. Lo hizo por amor; lo hizo porque el amor era la verdad de lo que él era. Cada una de sus palabras era un mensajero del amor de su propio país hacia un país desconocido. Regresaría a casa mucho mejor habiendo construido un puente entre dos seres humanos.

A medida que avanzara su vida, se enfrentaría a desafíos. Tal vez aprendería a librar guerras innecesarias en su cabeza. Quizá se esperase de él que se uniera a la fiesta de borrachos e impusiera sus creencias a otras mentes. Tal vez nunca se enfrentaría a sus miedos o cuestionaría su propio conocimiento. Su verdadera naturaleza podría corromperse, haciendo que se desenamorase de sí mismo.

Quizá también se despertaría. Quizá, si recordaba las palabras de un anciano, encontraría el camino de vuelta al paraíso. Tal vez se acordaría de amar sin condiciones, como alguien que de verdad se ama a sí mismo. Tal vez aprendería a dar forma a la realidad como un artista.

Las cosas son como son en el mundo no porque sean correctas o incorrectas. Naturalmente, hay cosas que todos podemos hacer por el bien de nuestra felicidad personal. Podemos liberarnos de nuestras propias tiranías y regalarnos el sentimiento de seguridad que hemos estado anhelando. Que nosotros seamos libres no significa que otros "países" también lo sean. No significa que otros líderes sean conscientes o responsables. La elección de la transformación corresponde a cada individuo. Podemos guiarnos hacia la independencia personal, pero no deberíamos obligar a nadie más a seguirnos. Nuestro viaje de vuelta hacia la autenticidad es solo nuestro y no debe emplearse como excusa para presionar a los miembros de la familia o a los amigos.

En cualquier momento, podemos despertar y ver la totalidad de lo que somos. Podemos ver la vida tal como es y aceptar todo lo que vemos. Podemos demostrar cómo anda y habla la verdad en el mundo sin intentar gobernar a otros. Podemos ofrecer nuestra presencia —no nuestras reglas— para demostrar lo mejor que puede ser un humano.

No tenemos que imaginarnos más agresivos o más impotentes de lo que somos. De hecho, seremos más felices si no lo hacemos. Seremos más capaces de enfrentarnos a las sorpresas e imprevistos diarios sin nuestras viejas ilusiones. Podemos estar agradecidos, sea cual sea la perturbación. Independientemente de las circunstancias, podemos vivir siempre en el paraíso. Habiendo reconocido ya aquello que no somos, podemos vivir cada momento como verdad, como energía. Podemos percibir como percibe la vida, disfrutando de todos los puntos de vista.

De nosotros depende apreciar al personaje protagonista de nuestra historia como una obra de ficción. De nosotros depende crear una obra de arte siendo conscientes de lo que es. La voz de nuestra cabeza está hecha para evolucionar. A través de la transformación del personaje protagonista, podemos tener una influencia amorosa en las vidas de quienes nos rodean. Podemos lograr que las palabras vuelvan a ser impecables. A través del "yo", podemos transformar nuestra realidad personal.

Así que, por favor, ayuda al "yo" a cambiar tu mundo.

5